하나님을 즐기는 삶

(주)죠이북스는 그리스도를 대신한 사신으로
문서를 통한 지상 명령 성취와 하나님 나라 확장을 위해 노력합니다.

Enjoying God
by Tim Chester

First published by The Good Book Company
with the title of *Enjoying God*
ⓒ 2018 by Tim Chester
All rights reserved.
www.thegoodbook.co.uk

Korean Edition published by JOY BOOKS Co., Ltd., Seoul, Republic
of Korea 2023.
Translated and published by permission.
Printed in Korea.

하나님을 즐기는 삶

모든 순간, 삼위 하나님을 발견하라

팀 체스터 지음

이대은 옮김

죠이북스

이 감동적인 책은 복음을 풍성하게 나누면서도 실질적인 적용에 탁월하여 참으로 기쁨의 연료가 된다. 여기에 순전히 하나님을 즐거워함으로 당신이 살아갈 날들을 밝게 만들 지혜가 있다.

마이클 리브스(유니온 신학교 학장 겸 신학 교수)

팀 체스터의 책은 언제나 잘 이해된다. 그는 엄청난 양의 복잡한 신학 진리를 농축해서 짧고 알아듣기 쉬운 장들로 구성한다. 이 책에서도 자신만의 기술을 발휘해 하나님과의 교제라는 주제에 집중한다. 이 주제는 아마도 그리스도인이 가진 가장 큰 특권일 것이다. 하지만 우리는 이 특권을 그다지 잘 이해하지 못하고 있으며, 실제로 즐기는 일은 더욱 드물다. 이 책을 읽으라. 그러면 하나님과의 교제에 더 목마르고 굶주리게 될 것이다.

(故)팀 켈러(뉴욕시 리디머 장로교회 명예 목사)

나는 이 책을 정말로 사랑한다. 이 책은 엄청난 복이고, 내 영혼을 새롭게 하는 시원한 물과 같다. 나는 팀 체스터가 다양한 시나리오와 예화를 통해 생생하게 묘사하는 죄, 몸부림, 잘못된 사고들에 대해 나도 같은 생각을 하고 있었음을 깨달았다. 특히 이 책을 통해 삼위일체 하나님에 대한 나의 관점이 종종 너무나 무미건조하고 제한적이었음을 확인했다. 팀이 성부, 성자, 성령이 행하신 모든 일과 지금도 행하시는 일들, 또 우리로 하여금 하나님과 친밀한 관계를 참으로 경험하고 즐길 수 있게 하신 것, 엉망진창인 날마다의 삶에서 하나님이 선하심과 은혜와 사랑을 베푸심을 알게 하심을 제시할 때, 내 마음은 부드러워지고 따뜻해졌다. 책을 덮을 때, 나는 영광스러운 우리 하나님에게 경탄했고, 나 자신이 겸손해졌음을 느꼈고, 신이 났으며 위로와 격려를 받았다.

안드레아 트레베나(성 니콜라스 교회 여성 사역 부목사. 「The Heart of Singleness」 저자)

이 책은 신학을 매력적으로 풀어 가고, 그 적용을 설득력 있게 제시한다. 이 책은 삼위일체에 관한 에세이도 아니고, '방법론'을 다루는 교본도 아니며, 그 둘 다에 가까운 무언가다. 최근 그리스도인에게 주님의 날에만 하나님을 즐기는 것에 그치지 않고 매일 하나님을 즐기는 방법을 가르치는 책이 많이 나오는데 이 책은 그중에서도 최고다. 팀 체스터는 하나님을 그저 우리 기쁨을 증가시키는 유용한 틀로 만드는 위험에 빠지지 않는다. 그는 훨씬 하나님 중심적이고 복음 중심적이다. 당신이 하나님의 임재 안에 영원히 기쁨이 있다는 진리를 조금이라도 (팀이 좋아하는 단어를 빌리자면) **더 많이** 경험하기를 열망한다면 이보다 나은 안내서를 발견하기란 어려울 것이다.

D. A. 카슨(트리니티 복음주의 신학대학원 신약학 연구 교수, 복음 연합 대표)

우리는 하나님을 알고 영화롭게 하는 일에 관해서 많이 이야기한다. 하지만 하나님을 즐기는 일에 관해서는 어떠한가? 그것도 그저 추상적인 존재가 아니라 아버지, 아들, 성령이신 하나님, 그 모든 차이에도 거룩한 연합체를 이루신 하나님의 각 위격을 즐기는 일에 관해서는 어떠한가? 그리고 그저 행복할 때나 교회에서뿐만 아니라 삶의 모든 환경에서 하나님을 즐기는 일에 관해서는 어떠한가? 이 책을 읽을수록 당신은 점점 나아질 것이다. 이 책은 모든 기쁨의 근원이신 분의 임재로 당신을 들어 올려 줄 것이다.

마이클 호튼(캘리포니아 웨스트민스터 신학대학원)

나는 종종 자신에게, 그리고 다른 이들에게 감정은 영적 상태를 보여 주는 좋은 지표가 될 수 없다고 납득시킨다. 그런데 그러다 보면 하나님과의 교제를 추구하고 즐겨야 한다는 사실을 잊게 된다. 이 책은 주님이 자기 자신을 즐기도록 내게 주신 모든 방법을 생각나게 한다.

아그네스 브로우(글래스고 트론 교회 청년과 여성 사역 부목사, 스코틀랜드 여성 성경대회 의장)

이 책은 지친 영혼에게 주는 최고의 음식이다. 팀 체스터는 우리가 어떻게 정말로, 포괄적으로, 그리고 진실로 하나님과의 연합을 즐길 수 있는지 방법을 보여 준다. 그것도 어떤 특이한 영적 기술을 통해서가 아니라 하나님과 우리의 하나 됨을 깊이 파고드는 방식으로 말이다. 우리가 하나님의 세 위격을 풍성하게 이해할수록 우리는 그분을 더 생생하고 실질적으로 경험한다. 이것이 단순하지만 호감 가는 이 글에 담긴 심오한 진리다.

마이클 젠슨(세인트 마크 성공회 교회 목사, 「용서가 정말 공짜인가요?」[생명의말씀사 역간] 저자)

최고의 책은 성경적이고, 실질적이고, 개인적이고, 목회적이며, 예배로 가득하다. 이 책은 각 영역에 탁월한 드문 책이다. 이 책을 매우 추천한다.

제이슨 마이어(베들레헴 침례교회 설교 및 비전 목사)

성경의 저자들로부터 지금까지 계속해서 주님의 백성은 삶의 목적이 '하나님을 영화롭게 하고 영원히 하나님을 즐기는 것'임을 언제나 알고 있다. 하지만 각 세대는, 그리고 사실 모든 그리스도인은 이 사실을 새롭게 발견할 필요가 있다. 그 길은 쉽지 않다. 그래도 걸어 볼 만한 가치가 있는 유일한 길이다. 이 책에서 팀 체스터는 이 복음의 길을 걸어간 자신의 경험을 공유하고 동행하기를 따뜻하게 권한다. 그 권면을 받아들이라. 절대로 후회하지 않을 것이다.

싱클레어 퍼거슨(리폼드 신학대학원 조직 신학 교수)

마이크와 엠마의
월요일 아침

일요일 아침. 마이크는 찬송할 때 기쁨으로 가득했다. 목사님은 그리스도 안에서 우리를 향하신 하나님 사랑을 막 설교하셨다. 마이크는 자신이 아무 가치가 없을지라도, 그리스도는 얼마나 가치 있는 분인지를 새삼스럽게 느꼈다. 목소리 높여 찬양하면서 그리스도에 대한 사랑을 더 강하게 느꼈다. 이 순간 하나님의 임재하심은 의심할 여지가 없었다. 엠마의 뺨에도 눈물이 흘러내리고 있지 않은가.

월요일 아침. 시작은 좋았다. 마이크는 어제 교회에서의 경험 때문인지 가벼운 마음으로 베이컨 샌드위치를 만들기 시작했다. 아이들은 거실에서 조용히 놀고 있었다. 침실에 있는 엠마에게 커피를 한 잔 가져다주고 뺨에 가볍게 입을 맞추었다. 창밖에는 해가 빛나고 새들이 지저귀고 있었다. 삶이 이보다 좋을 수 있는가?

그런데 기차역에 도착해 보니 타려던 기차가 갑자기 취소되어 있었다. 결국 승객들이 다음 기차에 몰렸고 마이크는 서서 가야만 했다. 책을 읽으려던 계획은 포기해야 했다. 그런데 그를 밀어붙이는 녀석은 데오드란트에 대해서는 전혀 모르는 것 같았다. 앞으로 40분은 즐겁지 않을 것이 분명했다.

그 시간 엠마는 부엌 바닥에서 우유를 닦고 있었다. 샘과 제이미는 양말을 두고 다투고 있었다. 그리고 귀여운 뽀삐…… 뽀삐는 어디 있지? 마침 눈을 들어 보니 시리얼 박스가 식탁에서 넘어지고 있었다. 엠마는 생각했다. '어떻게 이렇게 빨리 하루가 엉망이 될 수 있담?'

10분 후 엠마는 토스트를 한 입 먹고 성경을 폈다. 몇 구절을 읽고 눈을 감은 채로 기도하기 시작했다. "아버지, 마이크가 직장에서 좋은 하루를 보내게 해주세요. 부디 복을 내려 주세요……." 제이미가 방으로 들이닥쳤다. "엄마, 내 교복 어디 있어요?" 샘도 바로 뒤에 있었다. "엄마, 내 숙제 봤어요?" 그리고 뽀삐……뽀삐는 어디 있지?

마이크는 눈을 감고 상상의 세계에서 이 붐비는 객차와 멀리 떨어진 어느 곳으로 향하고 있었다. 푸른 열대 바다로 막 뛰어들려는 순간 누군가가 그의 셔츠에 커피를 쏟았다. 욕이 나왔다. 그리고 마이크는 즉시 얼굴이 화끈거렸다. 따뜻한 커피가 배 부근으로 퍼져나갔기 때문만은 아니었다. 마이크는 당황했다. "죄송합니다. 정말로 죄송해요. 기차가 지연되다 보니 저도 모르게 욕이 나왔네요. 제가 원래 이런 성격은 아닙니다." 남은 커피를 들고 있던 젊은 여자 역시 당황했다. "아니요, 아니요, 제 실수예요." 그 여자는 사람들 사이를 비집고 지나가더니 이내 사라졌다.

다시 집으로 돌아와 보자. 엠마는 아이들을 데리고 문밖을 향하고 있었다. 하나, 둘, 셋. 엠마는 로지를 생각했다. 로지는 넷째였다. 엠마는 매일 넷째 로지를 생각한다. 로지는 심장 기형으로 태어나 석 달 만에 죽었다. 여기에는 함께 없지만, 항상 함께 있다. 2년이 지났지만, 엠마는 여전히 상실감을 느끼고 있었다. 그리고 여전히 아프다. 여기 문간에 서면 더 아프다. 사람들이 말했다. "시간이 치유해 줄 거야." 사람들이 그저 긍정적인 말을 해주려고 애쓴다는 사실을 알고 있다. 하지만 그녀는 "긍정적"이고 싶지 않았다. 때로는 그냥 울고 싶었다.

어제 마이크에게 하나님은 매우 생생했다. 하지만 오늘, 오늘은 달랐다. 오늘은 초만원 기차에, 땀에 절은 승객들에, 젖은 셔츠에, 게다가 자그마한 로지가 남긴, 어디에나 존재하는 공허함이 있다. 오늘 하나님은 …… 그분은 무엇인가? 하나님이 안 계신 것은 아니다. 마이크는 하나님이 모든 곳에 계시다는 사실을 의심하지 않는다. 하지만 그렇다고 하나님이 존재하는 것처럼 느껴지지도 않는다. 그가 만지거나 볼 수 있는 방식으로 말이다.

엠마는 놀이터에서 다른 엄마들과 이야기를 나누고 있었다. 뽀삐가 옷을 끌어당겼다. "로잔느 얘기 들었어요? 제이멀 엄마 알죠? 글쎄 내가 들었는데 ……." 엠마는 듣지 않고 있었다. 듣고 싶기는 했다. 엠마의 아침을 조금 더 흥미롭게 해줄 약간의 뒷담화였다. 자신을 좀 더 우월하게 느끼게 해줄 그런 소문이었다. 엠마는 더 잘 듣고 싶은 마음에 끼어들고 싶었다.

"아니야." 엠마는 자신에게 말했다. "거기에 끼지마. 나쁜 생각이야." 엠마는 돌아섰다. 나쁜 생각이었을까? 조금 뒷담화를 한다고 해서 얼마나 해가 되겠는가? 일상의 무료함을 달래 줄 양념인데 말이다. 하지만 엠마는 하나님의 말씀을 생각했다. 그리고 자신을 향한 그리스도의 은혜를 생각했다. 다른 이에게도 그와 동일한 은혜를 보여 주고 싶었다. 그래서 어깨 너머로 소리쳤다. "미안해. 나 바빠서." 아무도 눈치 채지 못했다. 그들은 그저 최근 소문을 나누려고 모여 있었다.

기차는 천천히 멈췄다. 마이크는 머리를 숙여 창밖을 내다보며 승강장이 보이기를 바랐다. 하지만 낙서로 가득한 벽만 보였다. "기차는 신호 문제로 15분 연착될 예정입니다. 불편함을 드려 죄송합니다." 마이크는 들릴 정도로 탄식 소리를 냈다. 마이크만 그런 것이 아니었다. 열차 안은 투덜거리는 소리로 갑자기 생기가 돌았다.

마이크는 눈을 감았다. 어제 설교를 기억하려고 애썼다. '목사님이 뭐라고 하셨더라? 그리스도께서 우리의 의가 되어 주신다는 내용이었다. 새로운 것은 없었다. 마이크는 전에도 그런 주제에 관한 설교를 많이 들었다. 하지만 어제 그 얘기를 다시 들으니 위로가 되었다. 그리고 오늘 아침 다시 기억하니 역시 위로가 되었다.

그 순간, 엠마는 아만다의 현관으로 향하고 있었다. 그들은 거의 매주 만나서 성경을 읽고 기도한다. 엠마는 지난주에 살펴본 부분을 기억하려고 애썼다. 빌립보서 어딘가였다. 그리스도를 앎에 관한 내용이었다. 그게 무엇이었든지 그때 읽고 기뻤던 기억이 났다.

"집이 지저분해서 미안해요." 아만다가 말했다. 엠마가 웃었다. 아만다의 집은 언제나 지저분하다. 엠마는 의자에서 탁자로 빨랫감을 한 무더기 옮기고 앉았다. 아만다는 진한 차 한 잔을 내왔다. 엠마는 아만다가 혼돈과 어떻게 싸우고 있는지 모른다.

마이크는 30분 늦게 사무실 자리에 앉았다. "어제 교회는 어땠어?" 밥이 물었다. 밥은 마이크의 유일한 그리스도인 직장 동료다. 교회는 어땠지? 아주 오래전 이야기 같다. 어제 목사님은 하나님과의 관계에 관해 이야기하셨다. 주일에는 그게 정말 가능한 일 같아 보였다. 하지만 그건 주일 얘기고 오늘은 월요일이다. 오늘은 훨씬 아득하게 느껴진다. 기도할 시간이 더 있다면 하나님을 즐길 수 있을지 모른다. 그러면 아마도 주일 아침에 즐겼던 그 감정을 되살릴 수 있을지도 모른다. 아니면 다음 주일까지 그냥 기다려야 할 수도 있다. 다음 주일이라니, 이제 겨우 월요일 아침인데 ……

1장

더 많이
More

나는 더 많이 믿는다. 하나님을 더 많이 말이다. 그리고 확실히 앞으로 더 많이 믿을 것이고, 지금도 더 많이 믿는다. 우리는 하나님을 더 많이 알 수 있다. **당신은** 하나님을 더 많이 알 수 있다.

나는 빈센트 반 고흐의 작품 사진이나 포스터를 좋아한다. 하지만 파리 오르세 박물관에서 그림을 실제로 보니 가슴이 벅찼다. 그 색감과 움직임은 정말로 특별했다. 또 나는 랄프 본 윌리엄스의 〈종달새의 비상〉(The Lark Ascending)이라는 음반을 즐겨 듣는다. 하지만 잉글리시 챔버 오케스트라가 쉐필드 시티 홀에서 실제로 연주하는 소리를 들을 때는 눈물을 훔쳐야 했다. 바이올린 연주가 솟아오르는 부분에서는 내 마음도 함께 솟구쳤다.

내가 응원하는 축구 팀인 쉐필드 유나이티드가 최근에 지역 라이벌 팀(팀 이름은 잊어버렸다)을 이겼다는 소식을 듣고 기뻤다. 하지만 경기장에서 우리 팀이 상대방을 이기고 골을 넣는 장면을 직접 보는 것은 완전히 다르다. 나는 영국의 시골 풍경이 나오는 텔레비전 쇼 프로그램을 즐겨 본다. 하지만 그곳을 실제로 산책할 때는 말 그대로 기쁨에 겨워 깡충깡충 뛰고 혼자 킥킥거리며 웃는다. 이것은 절대로 과장이 아니다!

마찬가지로, 나는 늘 하나님에 관한 글을 즐겨 읽었다. 하지만 하나님을 직접 경험하고는 깜짝 놀라기도 하고, 눈물을 흘리기도 하며, 깡충깡충 뛰기도 했다. 그리고 때로는 이 세 가지를 한 번에 하기도 했다.

이 책은 어떻게 해야 하나님을 더 많이 경험할 수 있는지에 관한 내용이다.

하나님을 경험하다

우리가 그렇게 하는 데 도움이 되는 한 가지를 질문해 보겠다. "당신은 삼위일체, 즉 성부 하나님, 성자 하나님, 성령 하나님 중에 어느 분과 실제로 경험적인 관계를 가장 강하게 누린다고 생각하는가?" 나는 당신이 어떤 게 옳다고 생각하는지 묻는 게 아니다. 당신의 경험을 반추해 보도록 요청할 뿐이다. 이 책을 계속 읽기 전에 그렇게 해보면 좋겠다.

지난 몇 년간 나는 여러 곳에서, 다양한 교회 배경을 지닌 많은 사람에게 이 질문을 던질 기회가 있었다. 참 매혹적인 경험이었다. 그리고 언제나 다양한 답변을 만났다. 어떤 사람은 성부 하나님, 어떤 사람은 성자 하나님, 또 어떤 사람은 성령 하나님이라 답했고, 또 어떤 사람은 몇 가지 조합을 대기도 했다. 그리고 당신이 궁금해 할 것 같아 미리 말하면, 사람들의 답변과 교회 배경에는 어떤 상관관계가 있는 것 같지 않았다. 은사주의 계열의 그리스도인이라고 해서 항상 성령이라고 말하지도 않았고, 보수적인 교단이라고 해서 성부 하나님을 선호하지도 않았다.

이 책은 내가 생생한 관계를 분명히 의식했던 분은 성부와 성령이지 성자는 아니었다는 깨달음으로 시작한다. 내가 기도하며 나아가야 하는 분으로 인식했던 분은 성부 하나님이셨다. 나는 그분에게 요청하고 받는 일이 어떤지를 안다. 물론 언제나 내가 요청하는 대로 받는 것은 아니지만, 성부 하나님이 좋든 나쁘든 내 삶의 환경을 조정하셔서 나에게 선이 되게 하신다는 사실을 기쁘게 신뢰한다. 그리고 나는 성령의 능력을 통해 살아가고 있음을 강력하게 의식한다. 그것은 내가 사방에서 기적을 행하기 때문도 아니고, 내 척추를 타고 흐르는 얼얼한 감각이 있기 때문도 아니다. 그저 내가 하는 모든 선한 일이 성령의 설득과 능력으로 됨을 확신하기 때문이다. 그건 분명히 팀 체스터의 힘으로 된 것이 아니다. 그래서 나는 성령께 의지한다고 느낀다.

하지만 나는 성자를 경험한다는 느낌이 덜하다는 것을 지금 깨달았다. 나는 그분과 떨어져 있다고 느낀다. 나는 그분이 사셨고 죽으셨다가 나를 위해 살아나서서 하나님과 화목할 수 있게 하심을 알고 있다. 매우 멋진 진리이고 정말 깊이 감사를 드린다. 나는 삶의 모든 복이 그분의 사역에서 흘러나왔음을 확신한다. 하지만 2,000년 전의 일이고 그분은 이제 하늘에 계신다. 그 일은 매우 오래전 일이며 멀게 느껴진다. 예수님을 개인적으로 **안다**는 게 무슨 의미인가? 그분과 지금 바른 관계를 맺는다는 말은 무슨 의미인가?

왜 이것이 중요한가?

나는 더 많이 믿기 때문이다.

두 가지 원칙

이 책을 끌고 가는 원칙 두 가지가 있다. 즉 당신이 하나님을 더 많이 즐기도록 돕는 원칙들이다. 원칙은 복잡하지 않다. 통달해야 할 기술도 아니고 엄청난 의지를 발휘해야만 성취할 수 있는 것도 아니다. 하지만 나는 많은 그리스도인이 하나님과의 관계를 강하게 의식하거나, 그 관계를 더 많이 즐기지 못한다고 생각한다. 왜냐하면 이 두 원칙을 충분히 이해하지 못하기 때문이다. 그 두 원칙은 다음과 같다.

1. 하나님은 세 위격을 통해 알려지신다. 따라서 우리는 성부, 성자, 성령과 관계한다.
2. 우리가 경험으로 하나님과 누리는 교제의 근본은 그리스도 안에서 하나님과 연합함이다.

우리는 첫 번째 원칙부터 살펴본 후 곧 두 번째 원칙을 살펴볼 것이다. 첫 번째 원칙은 삼위일체 세 위격과 관계 맺는 일이 왜 하나님을 더욱 즐기는 데 핵심인지를 설명한다.

1. 우리는 하나님을 알 수 있다: 셋과 하나의 원칙

우리는 기도할 때 어떤 사물이나 힘에게 기도하고 있다고 생각하기 쉽다. 그래서 좀 추상적으로 보일 수 있다. 우리는 하나님을 상상하려고 애쓴다. 하지만 하나님을 볼 수는 없다. 그러면 우리는 어떻게 보이지 않는 하나님을 볼 수 있는가? 어떻게 유한한 사람이 무한을 알 수 있는가? 그 답은 그렇게 할 수 없다는 것이다! 우리는 "하나님"과 일반적인 의미의 관계를 맺을 수는 없다. 우리는 하나님의 본질을 알 수 없다. 즉 하나님의 "하나님-다움"은 알 수 없는 것이다. 그분의 본질은 우리 이해를 넘어서기 때문이다.

하지만 우리는 하나님의 **위격들**을 알 수 있다. 하나님은 영원한 교제 가운데 살아가시는데, 성부와 성자와 성령이 그 안에서 사랑으로 관계 맺으신다. 그리고 하나님이 우리와 관계하실 때도 마찬가지 방식으로 관계 맺으신다. 즉 성부, 성자, 성령이 서로에게 하시듯 말

1장 · 더 많이

이다. 따라서 우리가 하나님과 관계 맺는다고 이야기할 때 실제로는 성부 하나님, 성자 하나님, 성령 하나님과 관계 맺음을 약칭하는 것이다.

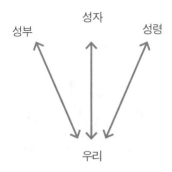

이 진리가 담는 실질적 함의는 간단하다. 당신이 성부와 성자와 성령과 어떻게 관계 맺고 있는지를 생각하면 하나님과 당신의 관계가 더 깊어지고 풍부해진다는 것이다. 삼위일체의 각 위격이 당신과 어떻게 관계 맺으시며, 당신은 그분에게 어떻게 반응하는지를 생각해 보라.

예를 들어, 당신이 기도할 때는 성령의 도움으로 성자를 통해 성부께 말씀드린다고 생각해 보는 것이다. 또 성경을 읽을 때는 성령을 통해 성자 가운데 성부께서 자신을 드러내신다고 생각하거나 성자께서 성령을 통해 자신의 사랑을 전한다고 생각해 보는 것이다.

지금 잠시 멈춰 생각해 보라. 성부는 당신과 어떻게 관계하시고 당신은 그분과 어떻게 관계하는가? 성자 하나님은 어떤가? 성령 하나님은 어떤가?

이 책에서 우리는 삼위일체의 각 위격이 우리에게 어떻게 행동하시고, 우리는 어떻게 반응해야 하는지를 알아볼 것이다. 우리는 삼위일체 하나님, 즉 성부, 성자, 성령 하나님이 날마다 우리와 상호작용하시는 수많은 방식을 발견할 것이다.

따라서 하나님과 관계 맺는 첫 번째 단계는 성부, 성자, 성령이라는 삼위일체의 서로 구분되는 세 위격과 관계하는 것이다. 하지만 우리는 절대로 하나님이 **하나**라는 사실을 인식하지 않은 채로 세 위격을 생각해서는 안 된다. 위격 중 한 분을 아는 것이 세 분 모두를 아는 것이라는 의미이기에 하나님의 연합은 중요하다. 당신은 하나님의 세 위격과 단독으로 관계 맺을 수 없다. 이 말은 우리 생각이 계속해서 한 분에서 다른 분으로 움직임을 알게 된다는 뜻이다. 이 말은 또한 이 책이 좋은 의미로 "깔끔하지 않다"는 의미이기도 하다. 우리는 성자 안에서 우리가 어떻게 사랑받았는지를 이야기하지 않은 채로, 성령이 우리에게 어떻게 "아바 아버지"라고 부르짖게 하시는지를 이야기하지 않은 채로 하나님과 관계 맺음에 관해 이야기할 수 없다.

영화 〈오즈의 마법사〉(The Wizard of Oz)에서 도로시와 친구들은 오즈의 마법사를 찾아 떠난다. 그리고 그가 뇌와 심장과 용기를 줄 수 있는 신과 같은 모습일 거라 생각한다. 그런데 마법사의 앞모습은 무시무시했지만, 뒷모습은 그저 불쌍한 노인이었다. 그 웅장한 형상은 표면에 불과했다.

사람들은 때로 하나님을 오즈의 마법사와 비슷하게 생각할 수도 있다. 예수님은 하나님의 매력적인 얼굴이지만, 그것은 그저 표면일 뿐 그 뒤에는 성깔 고약한 노인이 숨어 있다는 식이다. 이보다 진리에서 벗어난 생각은 없다. 삼위일체의 연합이란, 우리가 그리스도 안에서 하나님을 볼 때 가면이나 전면만 보는 것이 아니라는 뜻이다. 우리가 그리스도 안에서 그 뒤편을 본다고 해도 놀랄 것은 없다. 예수님은 완벽한 하나님의 말씀이자 하나님의 형상이시다. 예수님은 하나님이기 때문이다. 아들을 보는 것이 아버지를 보는 것이다. 성경은 예수님이 "하나님의 영광의 광채시요 그 본체의 형상이시라"(히 1:3)고 말한다. 성부와 성자는 한 존재다. 예수님의 모습 뒤에 또 다른 하나님이 숨어 있는 것이 아니다. 예수님은 분명히 성부 하나님의 모습이시다. 따라서 아들과 관계 맺는 것은 아버지와 성령과 관계 맺는 것이다.

4세기 신학자 나지안조스의 그레고리우스는 이렇게 말한다.

> 내가 한 분을 생각하려고 하면 즉시 세 분의 위엄에 둘러싸인다.
> 내가 세 분을 분별하려고 하면 바로 한 분을 기억하게 된다.[1]

진정한 기독교 영성은 한 분에서 세 분으로, 그리고 세 분에서 한 분으로 움직이는 끊임없는 운동을 수반한다. 우리가 세 위격을 생각하고, 그 각 위격과 별개로 관계 맺으려면 마음을 훈련해야 한다. 하지만 동시에 세 분을 한 분으로 생각하도록 스스로 훈련해야 한다. 그래야 각 위격과 관계 맺는 것이 다른 두 분을 만나는 것이 된다.

2. 우리는 하나님을 **더 많이** 알 수 있다: 연합과 교제의 원칙

모세의 삶은 모범적이라고 하기 어렵다. 하지만 한순간만큼은 모세가 나의 영웅이다.

하나님은 자기 백성을 애굽의 노예 생활에서 구원하셨다. 하지만 그들은 광야에서 금 송아지를 만들고 하나님 대신 예배했다(출 32:1-6). 그럼에도 하나님은 가나안 땅을 주겠다는 약속을 재천명하신다. 하지만 하나님은 한마디를 덧붙이신다. "나는 너희와 함께 올라가지 아니하리니 너희는 목이 곧은 백성인즉 내가 길에서 너희를 진멸할까 염려함이니라"(출 33:3).

이 제안을 잠시 생각해 보라. 사람들은 하나님의 거룩한 임재에 따르는 요청 사항 없이 하나님의 복을 소유할 수 있다. 당신이 거룩해질 필요 없이 천국행 티켓을 제의받았다고 상상해 보라. 당신은 그 제안을 수락할 것인가?

모세는 이렇게 답한다.

> 주께서 친히 가지 아니하시려거든 우리를 이곳에서 올려 보내지 마옵소서 나와 주의 백성이 주의 목전에 은총 입은 줄을 무엇으로 알리이까 주께서 우리와 함께 행하심으로 나와 주의 백성을 천하 만민 중에 구별하심이 아니니이까(출 33:15, 16).

비범한 답변이다. 어쨌든 모세는 필생의 숙원을 이룰 수 있었다. 게다가 구별된 하나님의 백성이 되어야 한다는 의무를 행하지 않고도 그 목적을 손에 넣을 수 있었다. 하지만 모세에게 정말 중요한 것은 하나님을 알고 하나님의 백성이 되는 것이었다. 하나님은 모세에게 하나님이 없는 모든 것을 제안하셨지만 모세는 그 모든 것을 원하지 않았다. 그는 하나님을 원했다. 그래서 그 제안을 거부한다. 약속된 땅에서 누리는 복조차도 하나님 자신이라는 참된 복에 비하면 부차적이다. 우리는 다만 죄**에서** 구원받은 것이 아니다. 우리는 하나님을 **향해** 구원받았다.

그리스도인의 삶은 하나님을 생생하게 느끼는 경험을 수반한다. 거기에는 진정한 관계가 있다. 즉 주고받으며, 사랑하고 사랑받는 양방향 관계인 것이다. 기독교는 그저 우리가 믿어야만 하는 하나님에 관한 진리 모음집도 아니고, 우리가 반드시 택해야 하는 생활 방식도 아니다. 기독교는 양방향 관계로서 지금 여기서 우리가 경험하는 관계다. 과거에 그리스도인들은 이 관계를 "하나님과의 교제"(communion)라고 했다. 오늘날 우리는 보통 주의 만찬을 지칭할 때 "교제"(communion, 친교)라는 단어를 사용한다. 하지만 과거에는 이 단어를 더 포괄적으로, 우리가 (주의 만찬도 포함하여) 하나님을 경험함에 대해 말할 때 사용했다.

여기에 두 번째 원칙이 관여한다. 그리스도 안에서 하나님과 우리의 연합(이것은 모두 하나님이 하시는 사역이다)은 경험상 우리와 하나님과의 교제(이는 양방향 관계다)에 기본이다. 아니, 더 간단히 하면 하나님과 **우리의 연합**이 하나님과 **우리의 교제**에 기본이다.

이 원칙은 우리를 두 가지 상반되는 위험으로부터 지켜 준다. 첫 번째는 하나님과 우리 관계를 성취할 수 있는 무언가로 생각하는 것이다. 우리는 기도에 전념하거나, 묵상 기술을 습득한다거나, 열심히 봉사해야만 진정으로 하나님을 알 수 있다고 생각한다. 하지만 하나님과의 연합은 일방통행이다. 전적으로 하나님의 은혜에 기초한다. 성부께서 내리신 사랑의 선택으로 시작하며, 성자의 사역으로 성취된다. 또 성령을 통해 우리 각자에게 적용된다. 따라서 이것은 절대로 우리가 성취하는 것이 아니다. 심지어 우리가 기여할 수 있는 것도 아니다. 하나님이 그분의 사랑으로 우리에게 주시는 선물이다. 그 행위는 언제나 일방적이다.

아마 당신은 하나님과 관계 맺는 게 무엇인지 한 번도 느끼지 못했을 수 있다. 당신이 자신을 그리스도께 맡기지 않았기 때문일 수 있다. 예수님은 말씀하신다. "내가 곧 길이요 진리요 생명이니 나로 말미암지 않고는 아버지께로 올 자가 없느니라"(요 14:6). 예수님을 통하지 않고 하나님과 관계 맺는 방법은 없다.

1장 · 더 많이

두 번째 위험은 너무 작은 것에 만족한다는 점이다. 즉 하나님의 너무 작은 것 말이다.

우리 어머니는 거의 60년간 그리스도인이셨다. 그런데 최근에 어머니는 내게 이런 말씀을 하셨다. "예수님은 이전보다 내게 소중하시단다." 한 달 전에는 이러한 말씀도 하셨다. "올해 네 아빠와 나는 성경을 읽으며 우리 삶에서 그 어느 순간보다 복된 시간을 많이 누리고 있단다." 회심 후 60년 내내 우리 엄마는 하나님을 예전보다 즐기고 계신다.

당신 역시 하나님을 더 많이 알 수 있다. 하나님은 우리를 구원하셔서 그분과 관계를 즐기게 하셨다. 그리고 하나님과 맺은 이 관계는 양방향이다. 하나님은 우리와 관계하시고 우리는 그 반응으로 하나님과 관계한다. 그렇게 우리는 관계에 기여한다. 우리가 행하는 일이 우리의 하나님 경험에 영향을 끼치는 것이다.

두 아들이 있다고 상상해 보자. 잭은 날마다 아버지를 위해 아침을 준비한다. 그리고 함께 식사하며 삼십 분 동안 대화를 나눈다. 또 오후에는 아버지와 함께 시간을 보낸다. 연도 날리고, 축구도 하고 책도 읽는다. 반면에 잭의 형인 필은 아버지를 어색해한다. 필은 종일 음악을 크게 켜 놓고 방에만 머문다. 필이 아버지와 대화하는 일은 드문데, 그마저도 툴툴대기 일쑤다.

아버지에게 아들은 몇인가? 물론 답은 둘이다. 그러면 그들은 아들이 되기 위해 무엇을 했는가? 아무것도 없다. 그들은 그저 아들로 태어났을 뿐이다. 하지만 오직 잭만 아들 됨을 즐긴다. 잭만 아버지와 좋은 관계를 경험한다.

기도와 성경 읽기가 당신을 더 그리스도인으로 만들어 주지는 않는다. 그리고 그렇게 하지 않는다고 해서 당신이 덜 그리스도인이 되는 것도 아니다. 어느 정도 우리는, 잭과 필처럼 태어난 것 자체로 하늘 아버지의 자녀가 된다. 물론 그리스도인이 된다는 것은 **다시** 태어나는 것이라는 점에서 차이는 있다. 우리는 은혜로만 그리스도를 믿음으로 구원받는다. 하나님의 자녀라는 지위는 선물이다. 하지만 그 연합을 얼마나 누리는지는 우리가 어떻게 하는지에 달려있다. 바울은 다음과 같이 말하며 이 역학 관계를 깔끔하게 표현한다. "오직 내가 그리스도 예수께 잡힌 바 된 그것을 잡으려고 달려가노라"(빌 3:12).

우리가 어떻게 하는지가 중요한가?

연합과 교제의 차이를 이해한다면 한편으로는 우리 행위가 차이를 만들어 낸다고 생각할 수도 없고, 또 다른 한편으로 우리 행위가 아무런 차이도 만들어 내지 못한다고 생각할 수도 없다.

- 우리의 행함이 우리를 그리스도인으로 만들지 않고, 우리를 더 그리스도인답게 만들지도 않으며, 우리를 그리스도인으로 지켜 주는 것도 아니다. 하나님과 우리의 연합은 전부 하나님이

하시는 일이다.

- 우리의 행함은 우리가 하나님을 **즐기는 것**에 차이를 만든다. 우리와 하나님의 교제(우리가 하나님과의 연합을 즐김)는 양방향 관계를 수반한다.

그렇기에 당신이 그리스도인이라고 할지라도 그 관계를 무시한다면 하나님과 당신의 관계가 약하게 느껴질 수 있다. 그리고 동시에 당신과 하나님의 **연합**은 그리스도께서 마무리하신 반석과 같은 사역의 기초에 근거한다고 확신할 수 있다. 당신이 하나님과의 교제를 얼마나 망치고 무시했든지 간에 언제나 다시 시작할 수 있다. 당신은 언제나 그리스도 안에서 하나님과 연합되어 있기 때문이다.

우리는 하나님과의 **교제**에 집중할 것이다. 어떻게 해야 우리가 하나님과 살아 있는 관계를 즐길 수 있는지에 대해서 말이다. 하지만 우리는 하나님과 누리는 교제의 근거가 그리스도 안에서 하나님과 우리의 **연합**임을 절대로 잊지 말아야 한다. 하나님이 베푸신 경이로운 은혜는, 우리와 하나님의 관계가 우리가 성취해야 할 대상이 아니라는 사실이다. 처음부터 끝까지 그저 선물이다.

어렸을 때 나는 배팅 연습을 했다. 내가 한 것은 크리켓이었지만, 야구나 테니스도 비슷하리라고 생각한다. 벽에다 공을 던지고 튕겨져 돌아오는 공을 배트로 치는 식이었다. 때로는 제대로 된 배트를 쓰기도 했지만 그러면 너무 쉬웠다. 그래서 더 작은 배트로 연습하다가 다시 보통 크리켓 배트를 쓰면 공을 배트 중앙에 맞추기가 수월했다. 나는 이런 식으로 연습하고 또 연습했다. 아마 엄마는 이런 나를 이해 못하셨을 것이다.

각 장은 당신이 실천할 수 있는 간단한 방안들을 제시하며 마무리된다. 이 방안들을 공을 벽에 던지는 것과 같다고 생각해 보라. 처음에는 이러한 행위들이 조금 이상하게 느껴질지 모른다. 하지만 그렇게 하면서 당신의 영적 근육이 단련되고 영적 본능은 계발될 것이다.

아니면 이렇게 생각해 보라. 당신이 시속 160킬로미터로 달리다가 속도계를 가린 채로 시속 30킬로미터까지 속도를 줄이는 것이다. 그러면 실제 속도는 어떠할 것 같은가? 대부분의 사람은 시속 60-80킬로미터로 달리고 있을 것이다. 시속 160킬로미터로 달리다 보면 당신이 일반적으로 생각하는 "보통" 속도에 대한 개념이 달라진다.

이 방안 중에 복잡하거나 어려운 것은 전혀 없다. 하지만 몇 가지는 이상하거나 심하다고 느껴질 수도 있다. 하지만 그렇게 하는 목적은 당신이 집중하여 그 일을 실행하다가 멈췄을 때, 당신의 영적인 보통 "속도"가 시속 30킬로미터가 아닌 시속 80킬로미터가 되게 하는 데 있다. 예를 들어, 직장에 운전하며 가는 길에 하나님에게 말하는 일은 이상하게 느껴질 수 있다. 하지만 일주일 동안 출근길에 매일 그렇게 하다 보면 분명히 뭔가 달라져 있음을 느낄 것이다. 그리고 이후에는 아마도 훨씬 자연스러운 일이 될 것이다. 당신이 예전에는 그렇게 하지 못했을 환경인데도 하나님에게 말하고 하나님을 생각하는 게 훨씬 일상적인 일이 되었다는 사실을 깨닫게 될 것이다.

이 장에 해당하는 실천 사항은 일주일 동안 날마다 성부께 기도하고, 그 후에 성자께, 그리고 성령께 기도하는 것이다. 신약에서 기도는 보통 성부께, 성자를 통해, 성령의 도움으로 드린다. 하지만 보통 그런 것이지 항상 그런 것은 아니다. 신약에서는 성부께 드리는 기도가 표준이기에 우리 기도의 표준도 그래야 한다. 하지만 성자와 성령이 성부보다 못한 하나님은 아니시기에 성자와 성령도 기도를 듣고 응답하실 수 있다. 성경에서 사람들이 성령께 기도한 뚜렷한 예는 없지만, 스데반은 사도행전 7장 59절에서 예수님에게 기도한다. 따라서 그리스도인들은 수세기 동안 아버지에게 하듯이 성자와 성령께도 기도했다. 어느 유명한 9세기 찬송가는 이렇게 시작한다.

오소서, 성령, 창조주, 오소서

당신의 밝은 하늘 보좌로부터

오소서, 우리 영혼을 취하소서.

그리하여 당신의 것 삼으소서.

종교 개혁자 마르틴 루터는 성령 강림절에 부르려고 이 찬양을 번역했다. 마찬가지로 청교도 신학자 존 오웬은 이렇게 말한다. "**신의 본질**이 모든 예배의 이유와 원인이다. 따라서 삼위일체 **전체**를 예배하지 않고 **한 위격만 예배**하기는 불가능하다."[2] 그래서 그는 우리가 아들과 성령께도 기도할 수 있다고 주장한다. 게다가 성자와 성령께 드리는 기도는 우리 삶에서 그분들이 하시는 독특한 역할을 묵상하는 데 도움이 된다.

실천 사항

한 주 동안 시간을 내어 날마다 성부 하나님에게 기도하라. 그리고 성자 하나님, 성령 하나님에게도 기도하라. 특별히 당신의 삶에 하나님의 각 위격이 지니시는 독특한 역할과 관련된 요청과 찬양을 드리라.

? 생각할 질문

• 당신은 삼위일체 하나님 중 어느 분과 생생하고 경험적인 관계를 가장 강력히 인식하는가?

• 우리가 세 위격을 배제하고 하나님의 한 분 되심만 생각하면 어떤 문제가 있겠는가?

• 우리가 하나님의 한 분 되심을 배제하고 세 위격만 생각하면 어떤 문제가 있겠는가?

• 영성이나 하나님과의 연합에 관한 이야기가 겁난다고 느낀 적이 있는가? 연합과 교제의 원칙에서 어떤 위안을 받았는가?

• 하나님과의 연합에 우리의 행위가 수반된다고 생각한다면 어떤 문제가 있겠는가? 우리와 하나님의 교제가 우리의 행위를 수반하지 않는다고 생각한다면 어떤 문제가 있겠는가?

2장

기쁨
Joy

당신은 하나님을 더 원하는가? 당신은 하나님을 즐기기 원하는가? 우리는 모두 이러한 질문에 어떻게 **답해야만** 하는지를 안다. 하지만 솔직해지자. 우리가 항상 하나님과 더 많은 시간을 보내는 걸 원하는 건 아니다. 종종 우리가 더 하고 싶어 하는 것들이 있게 마련이다.

그러면 이렇게 질문해 보자. **당신은 하나님을 좋아하는가?** 아마도 당신은 이 질문이 이상하다고 생각할 것이다. 우리는 하나님을 사랑해야 한다는 사실을 안다. 하지만 하나님을 좋아한다고? 한 가지 께름칙한 점이 있다. 보통 우리는 누구를 좋아하는지 결정하는 일에 상당히 능숙하다. 우리는 누군가를 만난 지 몇 분 지나지 않아 그 사람을 좋아하는지 그렇지 않은지 빠르게 인식한다. 그렇다면 우리 중 몇몇은 수년 동안 하나님을 좋아하는지 그렇지 않은지를 결정하지 않은 채로 하나님을 알아 왔다는 사실이 어떻게 가능한가? 우리가 하나님을 관계 맺어야 하는 세 위격이 아닌 비인격적인 힘이나 일련의 사상 또는 신학 체계라고 생각했기 때문일 수 있다.

아니면 당신이 하나님을 냉담하고 거리감 있고 무심한 분으로 생각하기 때문일 수도 있다. 많은 그리스도인이 하나님을 유일한 통치자 또는 심판자로 생각하며 믿음을 시작한다. 그리고 아무리 노력해도, 우리는 언젠가 그분에게 실망이 될 뿐이라고 가정한다. 하나님이 왕이시고 심판관이심은 분명한 사실이다. 하지만 당신이 하나님을 이렇게만 생각한다면, 그런 하나님을 존경할지는 몰라도 좋아하지는 않을 것이다. 그래서 결국에는 하나님을 방해받기 싫어하는 고독한 노인쯤으로 생각하는 것으로 결론 내릴 수도 있다.

아니면 당신은 하나님에게 별 느낌이 없다고 생각할지도 모른다. 당신은 기독교 진리에 동의한다. 하지만 그것을 **느낀다고** 확신하지는 못한다. 당신은 다른 사람들이 들떠서 기쁨 가운데 손을 들고, 얼굴에 웃음이 가득한 모습을 본다. 하지만 당신은 아무것도 느끼지 못한다. 하나님을 즐긴다는 이런 식의 이야기도 조금 위협적으로 느껴진다.

아니면 당신은 하나님과 관계에서 정말로 생동감을 느끼고 있을지도 모른다. 당신은 그분의 임재를 즐기고 그분이 당신의 삶을 만지심을 느낀다. 하지만 당신은 더 원한다. 베드로전서 2장 3절 말씀, "너희가 주의 인자하심을 맛보았으면 그리하라"처럼 말이다. 하지만 하나님을 더 즐기고 싶은 당신의 식욕만 돋울 뿐이다.

당신이 하나님을 더 많이 추구할지는 당신이 그분을 어떻게 생각하는지에 달려 있다. 그리고 당신이 하나님과의 관계를 추구할 만한 가치가 있다고 여기는지에 달려 있다.

바울은 이 질문에 대한 답에 대해서는 의심의 여지가 없었다. 바울이 행한 사역의 목표는 무엇이었는가? 그는 지중해 주위를 터벅터벅 걸으며, 난파당하고, 감옥에 갇히고, 폭동을 마주치며 무엇을 하려고 했는가? 그 답은 사람들에게 **기쁨**을 주려고 했다는 것이다. 그는 고린도 교회에 말한다. "오직 너희 기쁨을 돕는 자가 되려 함이니 이는 너희가 믿음에 섰음이라"(고후 1:24). 그는 빌립보 교회에도 비슷한 말을 한다. "내가 살 것과 너희 믿음의 진보와 기쁨을 위하여 너희 무리와 함께 거할 이것을 확실히 아노니"(빌 1:25). 바울의 사역 목표는 사람들이 기쁨을 경험하게 하는 것이었다.

이 두 구절 모두에서 기쁨은 믿음과 관련 있다. 따라서 기쁨이란 행복한 상황의 결과로 경험하는 바가 아니다. 바울은 우리 모두가 손에 시원한 음료를 든 채로 해변에 앉아 있기를 바라지 않았다. 빌립보서를 쓸 때 바울 자신도 사형을 목전에 두고 있었다. 그래서 우리는 안 좋은 환경에도 **불구하고** 기쁨을 경험할 수 있다.

한번은 바울 스스로 자신을 "아무것도 없는 자 같으나 모든 것을 가진 자"(고후 6:10)라고 묘사했다. 그리고 몇 구절 뒤에는 이렇게 덧붙였다. "내가 우리의 모든 환난 가운데서도 위로가 가득하고 기쁨이 넘치는도다"(고후 7:4). 어떻게 아무것도 **없는데** 모든 것을 소유할 수 있는가? 어떻게 문제가 **있는데** 기쁨이 넘치는가? 믿음은 우리 상황을 넘어 하나님과 우리 관계를 보는 것이기 때문이다.

기독교는 하나님과의 관계다. 그리고 특히 기쁨을 가져다주는 하나님과의 관계다.

여기 하나님과 관계를 즐길 때 누리는 몇 가지 유익이 있다.

하나님을 즐기면 유혹을 이긴다

죄는 하나님과 경쟁 상대다. 유혹은 언제나 우리에게 하나님 안에서 기쁨을 찾을 것인지, 죄에서 기쁨을 찾을 것인지 선택하도록 강요한다. 성경은 마음이 우리 행동을 움직이는 동력이라고 말한다. 우리는 언제나 우리가 원하는 대로 한다. 하지만 우리가 하나님을 즐긴다면 죄는 하나님을 대신하기에 너무나 초라한 대상으로 여겨질 것이다.

하나님을 즐기면 고난을 견딘다

고난은 상실을 수반한다. 건강, 수입, 지위, 사랑의 상실 말이다. 그러한 상실은 실질적이고 우리에게 고통을 준다. 하지만 나는 하나님을 경험한 사람들이 그러한 상실에도 훨씬 잘 대응한다는 사실을 수 없이 확인했다. 왜 그러한가? 우리는 절대로 하나님을 상실하지 않기 때문이다. 그 무엇도 우리를 하나님의 사랑에서 떼어 놓을 수 없다. 다른 것들은 다 사라져도 우리는 언제나 하나님과 함께 남는다. 그리고 그분으로 충분하다.

하나님을 즐기면 우리의 섬김에 기운을 더한다

성경에서 기술된 가장 부지런한 일꾼 중 한 명은 탕자 비유에 나오는 큰아들이다(눅 15:11-32 참조). 하지만 어느 날 저녁 그의 신실한 섬김의 실체가 드러난다. 그것은 결국 자기 섬김이었다. 그가 한 번도 진심으로 아버지를 위해서 일한 적이 없었고 그저 항상 자신의 상급을 위해 일해 왔다는 사실이 밝혀졌다. 그는 자신을 아들이기보다는 종으로 여겼다. 다른 아들과 비교해 보자. 그 아들은 바로 예수님이다. 예수님은 아들로서 섬기셨다. 그분은 "그 앞에 있는 기쁨을 위하여"(히 12:2) 십자가로 향하셨다. 당신이 하나님을 저 멀리 계시면서 당신의 순종만을 요구하는 분이라고 느낀다면, 당신을 하나님의 종처럼 여긴다면 당신의 섬김은 언제나 어려운 일처럼 느껴지고 즐거움이 없는 의무가 될 것이다. 하지만 하나님이 당신에게 사랑을 부어 주신다고 느낀다면, 당신이 하나님의 자녀라고 여긴다면 당신의 섬김은 자발적이고 충만하며 기쁠 것이다. 당신은 주인께 순종해야 한다는 강박 관념에 시달리지 않고, 아버지를 기쁘게 하는 일에 즐거움을 느낄 것이다.

하나님을 즐기면 생기 넘치는 간증자가 된다

나는 아빠이고, 아빠로서 해야 할 의무에는 치약을 잘 말아 올려 가능한 마지막까지 쓰도록 일러 주는 것도 있다. 이 내용은 아무 의미 없는 아빠의 불평이라고 할 수 있는 아빠 매뉴얼에 있다. 나는 내 복음 전도가 종종 이러한 방식이라고 느낀다. 나 자신도 잘하지 못하면서 마지못해 마지막 복음 한 방울을 짜내는 격이다. 그러면 아무도 그다지 감동받는 것 같지 않다.

하지만 모든 사람은 자신이 사랑하는 대상에 한해 전도자다. 사람들은 자신이 좋아하는 스포츠 팀이나 텔레비전 쇼 또는 새로운 이성 친구의 좋은 점을 극찬한다. 그리고 그러한 열광에는 전염성이 있다. 우리가 하나님과 관계를 더 경험하고 그분에게서 즐거움을 더 찾게 된다면, 우리의 복음 전도는 더 열정적이고 전염성이 생길 것이다. 그래서 대화할 때마다 마치 의무처럼 이상하게 덧붙여야 하는 과제가 아니게 될 것이다. 오히려 열정을 다해 전심으로 우리가 사랑하는 한 분을 이야기하게 될 것이다. 그래서 빈 치약이 아니라 폭발하기를 기다리는 샴페인 뚜껑처럼 거품을 내며 들뜰 것이다.

하나님을 즐기면 희생할 능력이 생긴다

당신 교회가 이렇게 말하는 사람으로 가득하다고 상상해 보라. "그 무엇도 그리스도를 아는 것에는 비할 수 없다. 나는 복음을 섬기기 위해 시간과 돈과 지위와 집과 미래와 안위를 기꺼이 포기하겠다." 이러한 마음으로 살아가는 사람과 함께 이뤄 내지 못할 것이 있을까? 바울이 말한 내용도 바로 이것이다. "모든 것을 해로 여김은 내 주 그리스도 예수를 아는 지식이 가장 고상하기 때문이라 내가 그를 위하여 모든 것을 잃어버리고 배설물로 여김은 그리스도를 얻고"(빌 3:8).

한번은 예수님이 짧은 비유를 들려주셨다.

> 천국은 마치 밭에 감추인 보화와 같으니 사람이 이를 발견한 후 숨겨 두고 기뻐하며 돌아가서 자기의 소유를 다 팔아 그 밭을 사느니라(마 13:44).

하나님 자신이 그 보화가 되신다. 우리는 하나님을 알아갈수록 기꺼이 그 외 모든 것을 포기하게 된다. 그리고 이 비유에서 그 사람이 "기뻐하며" 자기의 소유를 다 팔았다는 점에 주의하라. 무언가를 포기한다는 것은 보통 그렇게 즐거운 일처럼 들리지 않는다. 하지만 여기에서 내가 발견한 사실이 있다. 내가 살면서 감당했던 의미 있는 희생은 대부분 당시에는 희생으로 느껴지지 않았다는 점이다. 그저 하나님과 하나님의 영광을 추구하기 위해 당연히 해야 할 일로 느껴졌을 뿐이다. 희생은 우리가 하나님 안에서 기뻐함을 드러내는 기회가 된다. 그래서 우리가 포기하는 것도 우리가 얻은 것에 비해 작아 보인다.

우리가 하나님과 관계하고 그분 안에서 기쁨을 찾을 때 삶에 생겨나는 현상이 있다. 그러한 현상들을 진단 도구로 살펴보자. 다음 진술 중 몇 가지가 당신에게 해당하는지 자문하라.

- 당신은 종종 유혹에 넘어간다.
- 당신은 고난과 상실 때문에 두려움으로 가득하다.
- 당신은 섬김이 힘들고 단조로운 일처럼 느낀다.
- 당신은 예수님을 증거하는 일이 의무처럼 느껴진다.
- 당신은 희생이 희생처럼 느껴진다.

이중 한 가지라도 사실이라면 당신이 할 수 있는 만큼 하나님 안에서 기쁨을 발견하지 못하고 있다는 징표일 수 있다.

하나님 때문에 하나님을 즐기기

그렇다 하더라도 이것들 중에 그 무엇도 하나님과 관계를 추구해야 하는 주된 이유가 될 수는 없다. 우리는 하나님 때문에 하나님 안에서 기쁨을 추구한다. 그분이 기쁨의 근원이기 때문이다.

당신이 어느 날 아침 나를 만났는데 기분이 좋아 보인다고 하자. 나는 영국 사람이기 때문에 기쁠 때조차 기쁘다고 말하기가 어렵다! 하지만 예를 들기 위해 그렇다고 치자. 당신이 묻는다. "무슨 일이 있으신가요? 기분이 참 좋아 보이세요." 당신은 내가 어떻게 답하기를 바라는가? 내가 이렇게 말한다고 해보자. "저는 오늘 아침에 기분이 좋기로 결심했어요. 그렇게 하면 심리적으로 유익이 있기 때문이죠." 상당히 이상한 답변일 것이다! 아마도 나는 다음과 같이 말할 것만 같다(실제로 종종 그렇다). "해가 빛나고, 새가 지저귀네요. 삶은 좋은 거죠." 그리스도인이 기뻐해야만 하는 이유는 기분 좋음이 가져다주는 부차적인 유익 때문이 아니다(그것도 중요하기는 하지만). 오히려 우리에게 기뻐해야 할 이유가 있기 때문이다. 그리고 그 제일 이유는 하나님 자신이시다. 우리에게는 하나님이 있다. 즉, 하나님이 우리에게 어떠한 분인지, 하나님이 우리에게 행하신 모든 일이 어떠한지를 아는 것이다.

마르틴 루터는 구원을 결혼으로 즐겨 묘사했다.

> 믿음은 신부가 신랑과 연합하는 것과 같은 방식으로 그리스도와 영혼을 연합시킨다. 그 결과 그들은 모든 것을 공동 소유한다. 좋은 일이든 나쁜 일이든 말이다. …… 그렇기에 이제 우리 죄와 사망과 저주도 그리스도에게 속한 것이 된다. 그리고 그분의 은혜와 생명과 구원은 이제 우리 소유가 된다. 그리스도가 남편이시라면 그분은 그의 신부에게 속한 모든 것을 자신이 책임지시고,

자신의 것을 신부에게 주셔야만 한다. 그뿐 아니라, 그분은 자기 자신도 우리에게 주신다.[3]

핵심 구절을 놓치지 말라. "그분은 자기 자신도 우리에게 주신다." 결혼식 날 신부는 신랑에게서 부와 지위와 재산과 특권을 받을지 모른다. 남편의 DVD 컬렉션을 마음대로 접할 수 있게 되어 기쁠지도 모른다. 새로운 집으로 이사 간다는 생각에 신날 수도 있다. 남편의 은행 계좌에 자신의 이름이 더해지기 때문에 기쁠지도 모른다. 하지만 신부가 진정으로 원하는 것은 신랑이다. 그리스도인이 됨으로 흘러나오는 복이 정말 많다. 하지만 진정한 복은 그리스도시다. 그리스도 자신이야말로 그분이 직접 주시는 상급이다.

기쁨을 추구하는 것조차도 우리가 반드시 수행해야 하는 어떤 과제로 여기게 될 위험이 있다. 당신은 이렇게 생각할지 모른다. "그리스도인의 삶은 이미 그렇게 어렵지 않다는 말이군. 그러면 나는 지금부터 하나님의 법에 순종해야만 할 뿐 아니라, 하나님의 법을 기뻐해야만 해! 나는 '기뻐'하는 일에 힘써야겠어. 어떻게든 하나님을 '경험'하게는 됐으니 말이지." 전혀 그렇지 않다. 이런 생각은 아이에게 초콜릿을 먹기 위해서 노력해야만 한다고 이야기하는 것과 같다. 우리는 자녀들에게 초콜릿을 먹으라고 **명령하기**보다는 먹어도 된다고 **허락한다!** 그렇지 않으면 초콜릿을 먹는 기쁨을 추구하는 아이들을 막을 수 없다.

누군가에게 즐기라고 명령한다는 게 어색해 보이기도 한다. 하지만 바울은 빌립보서를 쓰며 바로 이렇게 한다. "주 안에서 항상 기뻐하라 내가 다시 말하노니 기뻐하라"(빌 4:4). 어떻게 감정이 명령으로 될 수 있는가? 이것은 당신 자녀에게 배고픔을 그만 느끼라고 말하는 것과 같다. 하지만 바울은 우리에게 막무가내로 기뻐하라고 명령하는 것이 아니다. 그는 우리에게 주님을 **기뻐하라고** 말한다. 우리가 기뻐하라는 명령을 순종하는 방식은 우리 안에서 기쁨이라는 감정을 끌어내는 것이 아니다. 어떤 상황에서라도 기뻐할 수 없는 온갖 이유가 있을지 모른다. 하지만 우리에게는 항상 모든 것을 뛰어넘는 기쁨의 이유가 있는데, 그 이유가 바로 예수님이다. 당신은 자녀에게 배고픔을 느끼지 말라고 말하지는 않을 것이다. 하지만 이렇게 말할 수는 있을 것이다. "샌드위치 만들어 먹어." 만약 배가 고프다면 좋은 음식을 먹어야 한다. 당신에게 기쁨이 부족한가? 좋은 **분을** 마음껏 먹으라. 그분은 바로 예수님이다.

오랜 세월 나는 아침으로 시리얼과 우유에 설탕을 뿌려 먹으며 하루를 시작했다. 그러다 보니 오전이 절반 정도 지나면 다시 배고파졌다. 그러면 비스킷 타임이다! 설탕은 배부른 것처럼 느끼게 만들지만, 그 느낌은 곧 사라진다. 최근에는 아침에 오트밀을 먹기 시작했다. 귀리는 에너지를 천천히 내기 때문에 아침에 오트밀 죽을 먹으니 극심한 허기 없이 점심시간까지 버틸 수 있다. 많은 사람이 즉시 효과를 발휘하는 기쁨의 근원을 선호한다. 우리는 지위, 소유, 로맨스, 직업, 성관계, 휴일 등에서 기쁨을 찾는다. 그것들은 설탕을 듬뿍 뿌린 식사와 같다. 그것들은 당신을 빠르게 채워 주지만, 결코 오래 지속되지 못한다. 반면에 예수님은 말씀하신다. "나는 생명의 떡이니 내게 오는 자는 결코 주리지 아니할 터이요 나를 믿는 자는 영원히 목마르지 아니하리라"(요 6:35).

하나님은 사랑이 필요하거나 다른 이의 응원을 원하기 때문에 세상을 창조하신 것이 아니다. 그분은 삼위일체 하나님으로서 사랑과 상호 간의 화합, 기쁨의 공동체 가운데 영원히 사신다. 성부, 성자, 성령은 그분들이 원하는 모든 기쁨을, 우리가 제공할 수 있는 것보다 훨씬 풍부하고 순수한 형태로 누리신다. 그렇다면 하나님은 굳이 하실 필요가 없는데 왜 세상을 창조하셨는가? 그 답은 바로 은혜다. 강요되지 않은, 값없이 얻는 은혜다. "하나님은 기쁨을 **얻기** 위해서가 아니라 **주기** 위해서 우리를 창조하심이 틀림없다."[4]

관찰자의 책: 하나님

그녀는 내게 웃었다. 그 웃음은 "목사님이 무슨 말을 하시는지 알아요. 하지만 이미 수백 번도 넘게 들은 얘기죠"라고 하는 것 같았다. 그녀는 독신 여성으로서 작은 교회 개척 팀에서 섬기는 일이 얼마나 어려운지를 설명하고 있었다. 한 가족이 떠났다. 또 다른 가족도 건강하지 않다. 외로운 한 주였다. 그래서 나는 그녀에게 말했다. 상황이 어려워도 우리는 언제나 그리스도께 돌아갈 수 있다고 말이다. "우리는 언제나 그리스도 안에서 즐거움을 찾을 수 있습니다. 그리고 우리가 처한 상황이 그 사실을 바꿀 수 없습니다." 그러자 그 여인이 웃은 것이다.

아마도 당신은 기쁨을 찾는 일이 삶에 가져올 유익을 볼 수 있을 것이다. 그리고 하나님 안에서 기쁨을 발견한다는 개념에도 동의할 것이다. 하지만 이것은 너무 이론적으로 들린다. 하나님 안에서 누리는 즐거움이란 저 멀리 떨어진 가능성처럼 보인다. 새로운 창조 세계에서는 하나님 안에서 기쁨을 경험할 것이다. 우리가 그분을 대면하기 때문이다. 그렇지만 그때가 오기 전까지는 하나님을 경험함이란 개념적으로만 여겨질 뿐이고 기쁨은 손에 잡히지 않는 것 같다. 살아 계신 하나님을 날마다 생생하게 경험함이란 과연 어떠한 것인가?

나는 "관찰자의 책" 시리즈를 읽고 자랐다. 「관찰자의 책: 야생화」, 「관찰자의 책: 나비」, 「관찰자의 책: 지리」 등등 말이다. 각 책은 주제에 따라 나뉘어 있어 독자, 즉 관찰자는 관심 분야에 따라 골라 볼 수 있었다. 이 책은 엽서 크기의 하드커버 형식으로 황금기 영국 디자인을 대표한다. 이 시리즈는 백 권이 나왔는데 운하에서 총기, 오페라까지 다룬다.

나는 아직도 「관찰자의 책: 새」를 가지고 있는데 "새를 사랑하는 사람 연맹"의 비어 벤슨이 쓴 책이다. 첫 동물은 까치다. "이 잘생긴 새는 윤이 나는 검은색과 흰색 깃털과 긴 꼬리 때문에 잘 식별된다." 나는 관찰자의 책과 쌍안경을 챙기고 시외로 나가 영국 남부 지역인 노스다운즈의 조류군을 찾아보기도 했다.

마찬가지로 이 책은 하나님에 관한 "관찰자의 책"이다. 이 책은 하나님이 날마다 우리와 상호 작용하시는 주된 방식을 규명한다. 이 책은 당신의 경험과 동떨어져 보이는, 엄청나고 놀라운 영적 경험을 설명하지 않는다. 또 당신이 숙달해야 하는 영적 훈련이나, 당신이 "자랑"할 만한 영적 은사를 제시하지도 않는다. 이 책은 당신이 달성해야 하는 무언가에 관한 내용이 아니다. 오히려 하나님이 그리스도 안에서 이미 성취하신 내용에 관한 책이다. 은혜에 관한 책이고, 자비하신 하나님이 어떻게 우리를 초대해 성자 안에서 성부를 즐거워하고, 성령을 통해 성부 안에서 성자를 즐거워하게 하시는지를 나누는 책이다. 이 책은 그러한 일이 매일 일어나는 매우 일반적인 방식을 알려 주는 안내서다.

삼위일체 각 위격과 관계 맺는 일은 우리 눈을 열어 날마다의 삶에서 각 위격의 사역을 바라보는 일을 수반한다. 이것이 믿음의 행위다. 내가 근사한 식사를 하면서 우리 지역 가게의 식품이나 아내의 놀라운 음식 솜씨에 공을 돌리기란 쉬운 일이다. 그리고 물론 이 둘 다 맞는 설명이다. 하지만 믿음은 내 식사가 그것 이상이라는 사실을 인식한다. 믿음은 이 식사를 하늘 아버지의 선물로 본다. 그러면 나쁜 소식은 어떠한가? 나쁜 소식을 재앙으로 여기기란 쉽다. 하지만 믿음은 그 재앙이 아버지가 나를 그분의 아들과 더욱 닮게 만들려는 계획의 일부임을 인식한다. 그렇다면 믿음은 우리가 성부 하나님에게 반응할 수 있게 만든다. 즉 식사를 주신 것에 감사하는 기도를 드리거나 아버지가 내 마음을 변화시키려는 수단으로 문제를 주셨다고 받아들이는 것이다. 프랑스의 신학자이자 종교 개혁가인 칼뱅은 이렇게 설명한다.

> 하나님의 종은 어떤 일이 자기 마음의 열망에 따라 순조롭게 일어난다고 해도, 하나님에게 온전히 그 공로를 드린다. 사람의 일을 통해 하나님의 은혜를 느끼든, 무생물인 피조물에게 도움을 받든 말이다. 따라서 그는 이렇게 추론할 것이다. 이것은 분명 주님이 그들의 마음이 우리를 향하도록 인도하시고, 그들이 그렇게할 수밖에 없도록 움직이셔서 나를 향한 그분의 인자하심을 나타내는 수단이 되게 하려는 것이다.[5]

나는 아내와 시민 농장을 가꾼다. 시민 농장이란 땅을 조금 빌려 농작물을 기르는 영국의 관습이다. 최근에 나는 시민 농장에서 오두막이 배달되기를 기다리고 있었다. 배달원은 내게 전화해 언제 도착할지 알려 주겠다고 했다. 그런데 시간이 지났는데도 전화가 오지 않았다. 그래서 전화기를 확인해 보니, 아뿔싸 전화기가 꺼져 있었다. 나는 딜레마에 빠졌다. 오두막이 배달될 수도 있으니 여기에서 기다리고 있어야 할지 아니면 집에 가서 전화기를 충전하고 어떻게 됐는지 알아봐야 할지 말이다. 어느 선택지도 마땅치 않아 보였다. 결국 나는 차를 향해 걷기 시작했다. 그러다가는 마음을 바꿨다. 차옆에 서서 낙담하는 마음에 크게 소리를 질렀다.

바로 그 순간 배달 기사가 나타났다. 우리는 함께 오두막을 내려놓았고, 그는 기분 좋게 떠들었다. 오두막의 벽 부분을 옮길 때 마침 빨간 연 두 개가 머리 위에 나타났다. 그런데 잘 살펴보니 연이 아니라 맹금류 "솔개" 같았다. 우리 동네에서 붉은 솔개를 본 건 처음이었다.

배달된 오두막과 하늘을 나는 두 마리 새. 그래서 뭐 어쨌단 말인가? 대수로운 일은 아니다. 하지만 믿음의 눈으로 이 장면을 보자. 나는 시민 농장 부지로 돌아가면서 하나님의 선하심을 강력하게 인식했다. 하나님의 기도 응답이라고 말했다면 좋았을 것이다. 하지만 나는 기도하지 못했다. 나는 그저 심술이 나 있었다. 그러자 하나님이 이렇게 말하시는 것처럼 느껴졌다. **"나는 사랑으로 네가 묻지도 않은 요청을 들어줬다! 오, 게다가 여기 네게 기쁨을 주기 위해 솔개 두 마리도 준비했다."** 나는 웃을 수밖에 없었다. 그건 가장 사랑스러운 꾸짖음이었다.

시편 139편 5절은 말한다. "주께서 나의 앞뒤를 둘러싸시고." 우리는 때로 하나님에게 왜 나타나 일하시지 않느냐고 묻는다. 하지만 하나님은 항상 우리 주위에, 우리 앞에도 뒤에도 계신다. 마치 우리가 그분과 부딪히지 않고서는 도저히 움직일 수 없는 것 같다. 우리에게 정말로 필요한 건 그저 볼 수 있는 눈과 들을 수 있는 귀다. 이 책이 당신에게 전하고자 하는 바도 그것뿐이다.

실천으로 옮기기

이번 주에는 혼자일 때마다, 하늘 아버지와 대화를 시작하라. 이렇게 한다는 것은 차 라디오를 끄거나, 헤드폰을 치워야 한다는 뜻일 수 있다. 아니면 버스에서 대화에 방해받지 않도록 헤드폰을 써야 한다는 뜻일 수도 있다. 당신이 원래부터 혼잣말을 잘하는 사람이라면 이 훈련은 그렇게 어렵지 않을 것이다. 그 내적 독백을 하나님에게 돌리기만 하면 된다.

당신이 무슨 말을 하는지는 중요하지 않다. 생각나는 대로 아무 말이나 하라. 앞날에 대해서 또는 지나간 날에 대해서 말해도 좋다. 당신을 신나게 하는 일이나 걱정하게 만들거나 짜증 나게 만드는 일을 말해도 좋다. 하나님에게 당신의 공상에 대해 말해도 좋다. 이렇게 하는 목적은 우리와 하나님 사이가 양방향 관계라는 개념을 강화하는 것이다. 우리는 언제, 어디서나 하나님과 관계 맺을 수 있다.

실천 사항

이번 주에는 혼자일 때마다 하늘 아버지와 대화를 시작하라. 마음에 떠오르는 대로 하나님에게 무슨 말이든 하면 된다.

> **❓ 생각할 질문**
>
> • 1장은 성부, 성자, 성령께 기도하라는 도전으로 끝났다. 어떻게 하고 있는가?
>
> • 당신은 하나님을 좋아하는가? 이 질문이 이상하게 들리는가?
>
> • 하나님을 즐거워하는 일이 어떻게 당신이 유혹을 극복하고 고난을 견디는 데 도움이 되었는가? 그리고 어떻게 예배드리고, 예수님을 증거하고, 희생하도록 힘을 주는가?
>
> • 성경은 우리에게 기뻐하라고 명한다. 하지만 어떻게 기쁨을 소유하라고 명할 수 있는가?
>
> • (바울이 했듯이) 그리스도 안에서 다른 사람의 기쁨을 추구한다는 말이 당신에게는 어떤 의미로 다가오는가?
>
> • 하나님이 지난 24시간 동안 당신의 삶에 행하신 일을 관찰한 내용은 무엇인가?

3장

모든 기쁨에서 우리는
성부의 너그러우심을 즐길 수 있다

In every pleasure we can enjoy the Father's generosity

하나님은 그리스도를 통해 우리를 용서하셨고, 우리를 구속하셨고, 우리를 의롭다 하셨다. 하지만 그것으로 충분한가?

어쩌면 당신에게는 충분할지 모른다. 어쨌든 그것만으로도 놀라운 일이지 않은가! 하지만 하나님에게는 충분하지 않다. 하나님은 우리에게, 그리고 우리로부터 더 많은 것을 원하신다.

만약 이것이 성부 하나님이 행하신 일 전부라면 우리는 어떻게 그분과 관계 맺을 것인가? 나는 이것만으로도 우리가 영원히 감사할 수 있다고 본다. 이것만으로도 우리가 그분을 온전히 섬겨야 마땅하다고 본다. 하지만 이것으로는 어떠한 친밀감도 생겨나지 않을 것이다. 어쩌면 당신은 지금 성부 하나님을 그렇게 느끼고 있을지 모른다. 당신은 그분을 존경한다. 하지만 정말로 사랑하지는 않는다. 실질적인 애정은 전혀 없는 것이나 마찬가지다. 왜냐하면 당신은 그분을 즐기지 않기 때문이다.

하지만 바울이 하는 말을 들어 보라.

> 그 기쁘신 뜻대로 우리를 예정하사 예수 그리스도로 말미암아 자기의 아들들이 되게 하셨으니(엡 1:5).

우리는 "불순종의 아들들"이자 "진노의 자녀"(엡 2:2, 3)였다. 하지만 이제 우리는 하나님의 아들과 딸이다. 우리는 가족이 되었다. 우리는 사랑받는 존재가 된 것이다. 바울은 말한다. "그 기쁘신 뜻대로 우리를 예정하사." "예정"이란 단순히 선택되었다는 뜻이다. 우리는 사랑을 **위해** 사랑 **안에서** 선택되었다. "보라 아버지께서 어떠한 사랑을 우리에게 베푸사 하나님의 자녀라 일컬음을 받게 하셨는가, 우리가 그러하도다"(요일 3:1). 그래서 제임스 패커는 이렇게 말한다.

> 양자 됨이란 복음이 줄 수 있는 가장 고귀한 특권으로 칭의보다도 고귀하다. ······ 하나님은 우리를 양자 삼으심으로 우리를 자기 가족으로, 교제 안으로 들이신다. 그분은 우리를 자녀로, 상속자로 세우신다. 따라서 그 관계의 중심에는 친밀함, 애정, 관용이 있다. 심판자 하나님과 바른 관계에 서는 것도 대단한 일이다. 하지만 아버지 하나님의 사랑과 돌보심을 받는 건 훨씬 대단하다.[6]

사랑으로 시작하다

당신은 이 모든 말이 옳다고 여기면서도, 여전히 하나님을 예수님에게 설득당한 "마지못한 아버지" 정도로 생각할지 모른다. 나는 당신이 하나님을 당신 때문에 종종 기분 상하는 분으로 생각하는지 궁금하다. 심지어 당신을 의심하면서 말이다. 당신은 마땅히 살아야 하는 대로 살지 못하고 있다고 느끼기 때문에 하나님이 정말로 당신을 사랑하시는지 궁금해 할지도 모른다. 당신은 아마도 하나님이 은혜로우신 이유는 하나님은 원래 그럴 수밖에 없는 분이기 때문이라고 생각하고, 하나님도 그렇게 하시면서 별다른 즐거움이나 기쁨이나 애정은 전혀 없으리라 생각할지 모른다. 그분은 기껏해야 당신을 참아 주시는 정도다. 그분이 당신에게 실망하실 때는 훨씬 많다. 그래서 존 오웬은 몇몇 신자가 "하나님에게 좋은 생각 품기를 두려워한다"[7]고 말한다.

하지만 성부는 우리를 "창세전에" 택하시고 "사랑 안에서 그 앞에 거룩하고 흠이 없게 하시려고 그 기쁘신 뜻대로 우리를 예정하사 예수 그리스도로 말미암아 자기의 아들들이 되게 하셨[다]"(엡 1:4, 5). 이 모든 것이 아버지의 사랑으로 시작한다. 성부 하나님은 마지못해서 그렇게 하시지 않았다. 정반대다. 모든 것이 그분의 사랑으로 시작한다.

게다가 사정은 훨씬 좋아진다. 에베소서 1장 5절은 말한다. "[사랑 안에서] 그 기쁘신 뜻대로 우리를 예정하사 **예수 그리스도로 말미암아** 자기의 아들들이 되게 하셨으니." 성부 하나님은 **그리스도 안에서** 우리와 관계하신다. 6절은 성부가 "이는 그가 **사랑하시는 자 안에서** 우리에게 [입양의 은혜를] 거저 주시는 바"라고 말한다. 우리는 그분의 아들 안에 있다. 따라서 성부는 성자를 사랑하시기에 이제 아들 안에 있는 우리를 사랑하신다. 다른 말로 하면, 성부는 자기 아들을 향해 품으신 그 동일한 사랑으로 우리를 사랑하신다.

　그러면 언제 하나님이 우리 아버지가 되셨는가? 교묘한 질문이다! 그분은 언제나 아버지셨다. 바울은 "하나님 곧 우리 주 예수 그리스도의 아버지께" 찬송을 드리며 3절을 시작한다. 하나님은 아버지 **같은 분이** 아니다. 하나님은 우리 아버지**이시다.** 우리가 "하나님은 반석이시다"라고 할 때는 **비유**를 사용한다. 하나님의 몇몇 요소는 반석의 요소와 유사하기 때문이다(신뢰할 만한 기초가 된다는 점). 하지만 하나님은 생명 없는 돌 조각이 아니시다. 그래서 하나님을 아버지라고 말할 때는 다르다. "아버지"는 비유가 아니다. 우리는 하나님이 어느 정도 인간 아버지 같다고 말하는 것이 아니다. 오히려 이 말은 하나님이 영원토록 우리 아버지가 되신다는 뜻이다. 왜냐하면 그분에게는 영원히 성자가 있기 때문이다. 그래서 하나님은 참된 아버지 됨의 전형이다. 이것은 어떤 사람들에게는 정말로 중요한 사실이다. 당신의 인간 아버지 경험은 엉망일 수도 있다. 당신의 인간 아버지는 냉담하고, 가혹하고, 심지어 당신에게 폭력을 가했을 수도 있다. 아니면 당신과 전혀 함께하지 않았을 수도 있다. 하지만 하나님은 그렇지 않으시다. 하나님은 당신이 언제나 꿈꿔 온, 사랑 많은 아버지시다.

그리스도인은 성자를 성부의 "영원한 독생자"라고 말한다. 시간 안에서 성부가 성자를 존재하게 하신 순간은 없다. 성부는 성자에게 영원히 생명을 주시고 성자를 영원히 사랑하신다. 태양이 끊임없이 빛과 열을 쏟아내듯이 생명과 사랑이 끊임없이 성부로부터 성자에게 발산된다. 우리가 할 일은 성부의 사랑으로 일광욕을 즐기는 것이다! 눈을 감고 의자를 뒤로 젖히고 앉아 당신 피부에 닿는 그분 사랑의 온기를 느끼라.

당신은 아버지의 기쁨이다

당신을 입양한 일은 아버지께 기쁨이다. 즉 당신이 그분의 기쁨이다. 바울은 우리의 입양이 "그 기쁘신 뜻대로"(엡 1:5) 일어났다고 한다. 청교도 리처드 십스는 이렇게 말한다.

> 하나님의 사랑이 그리스도에 머문다는 사실을 보는 것은 얼마나 큰 위안인가. 하나님이 그분 안에서 기뻐하시기 때문에, 우리가

그리스도 안에 있기만 하면 하나님은 우리 역시 기뻐하신다![8]

당신이 그리스도 안에 있으면, 당신은 언제나 아버지께 기쁨을 드린다. 그분은 당신을 보며 기뻐 웃으신다.

2012년 올림픽에서 남아프리카 공화국 수영 선수인 채들 클로스는 금메달을 땄다. 그의 아버지인 베트 레 클로스는 이후 유명한 인터뷰를 남겼다. 그는 기쁨을 제어하지 못했다. 그는 계속해서 말했다. "내 아들을 보세요. 정말 아름답지 않습니까?" 성부 하나님은 우리를 창조하셨기 때문에 이렇게 말씀하신다. "이는 내 사랑하는 아들이요 내 기뻐하는 자라." 하지만 이를 넘어 성부 하나님은 우리를 구원하셔서 우리가 그 사랑을 나눌 수 있게 하신다. 그리스도 안에서 하나님은 **우리를 두고** 이렇게 말씀하신다. "이는 내 사랑하는 자녀요 내 기뻐하는 자라." 하나님은 우리를 자기 가족으로 들이신다. 하나님은 단지 예수님의 아버지가 아니시다. 우리는 하나님을 "**우리** 아버지"라고 부른다.

스바냐 3장 17절은 말한다. "너의 하나님 여호와가 너의 가운데에 계시니 그는 구원을 베푸실 전능자이시라 그가 너로 말미암아 기쁨을 이기지 못하시며 너를 잠잠히 사랑하시며 너로 말미암아 즐거이 부르며 기뻐하시리라 하리라." 하나님은 당신을 두고 노래하시며 기뻐하신다. 성경을 읽고 당신의 삶을 묵상하면서, 아버지의 노래가 일으키는 반향을 들어 보라. 당신을 향한 사랑의 징표를 찾아보라. 그 사랑을 즐거워하라. 그 사랑을 환영하라.

존 오웬은 이렇게 말했다. "당신이 아버지를 가장 슬프고 무겁게 하는 일은, 당신이 그분에게 가할 수 있는 가장 큰 무정함은 ……" 당신이라면 이 문장을 어떻게 마무리하겠는가? 그분을 사랑하지 않는 것? 불경건한 삶을 사는 것? 다른 사람을 섬기지 않는 것? 오웬은 말한다. "그분의 사랑을 믿지 않는 무정함보다 당신이 아버지를 더 힘들고 무겁게 하는 일은 없다."[9] R. J. K. 로우는 이 말을 이렇게 다시 진술한다. "당신이 아버지께 지울 수 있는 가장 큰 슬픔과 짐은, 그리고 당신이 그분에게 가할 수 있는 가장 불친절한 행위는 **그분이 당신을 사랑한다는 사실을 믿지 않는 것이다.**"[10]

왜 그러한가? 구원이라는 계획 전체의 목적이 당신을 하나님의 사랑받는 자녀로 들이는 것이기 때문이다. 하나님은 아들을 보내셨다. 그리고 자기 아들을 정죄하여 십자가에 버리심으로 당신이 자신에게 가까이 나올 수 있게 하셨다. 그래서 당신이 그분의 자녀 되게 하셨다. 그렇기에 그분의 사랑을 의심하고, 그분이 꾸리신 가정을 거부하고, 저 멀리 그대로 서 있는 것이야말로 당신이 하나님에게 보일 수 있는 가장 큰 무정함이다. 따라서 아버지가 당신을 사랑함을 믿음으로써 아버지와 교제하는 일이 무엇보다도 중요하다.

아버지가 돌보시는 세상

이 말은 오늘날 무슨 의미를 지니는가? 지난주 당신이 즐긴 모든 좋앉던 것들을 다시 생각해 보라. 음식, 성취, 가족, 오락 등등 말이다. 아름다움, 웃음, 눈물, 사랑도 생각해 보라. 이 모든 것은 당신 아버지가 당신을 돌보신 징표다. 우리가 아버지와 관계 맺는 한 가지 방법, 즉 우리가 그분을 즐기는 한 가지 방법은 이러한 모든 대상을 그분이 주신 선물로 보는 것이다.

누가복음 12장에서 예수님은 우리에게 걱정하지 말라고 하신다.

> 또 제자들에게 이르시되 그러므로 내가 너희에게 이르노니 너희 목숨을 위하여 무엇을 먹을까 몸을 위하여 무엇을 입을까 염려하지 말라 목숨이 음식보다 중하고 몸이 의복보다 중하니라 까마귀를 생각하라 심지도 아니하고 거두지도 아니하며 골방도 없고 창고도 없으되 하나님이 기르시나니 너희는 새보다 얼마나 더 귀하냐 또 너희 중에 누가 염려함으로 그 키를 한 자라도 더할 수 있느냐 그런즉 가장 작은 일도 하지 못하면서 어찌 다른 일들을 염려하느냐 백합화를 생각하여 보라 실도 만들지 않고 짜지도 아니하느니라 그러나 내가 너희에게 말하노니 솔로몬의 모든 영광으로도 입은 것이 이 꽃 하나만큼 훌륭하지 못하였느니라 오늘 있다가 내일 아궁이에 던져지는 들풀도 하나님이 이렇게 입히시거든 하물며 너희일까보냐 믿음이 작은 자들아 너희는 무엇을 먹을까 무엇을 마실까 하여 구하지 말며 근심하지도 말라 이 모든 것은 세상 백성들이 구하는 것이라 너희 아버지께서는 이런 것이 너희에게 있어야 할 것을 아시느니라 다만 너희는 그의 나라를 구하

라 그리하면 이런 것들을 너희에게 더하시리라(눅 12:22-31).

예수님은 두 번이나 우리 주위 세상을 "생각하여 보라"고 청하신다. 우리는 까마귀를 생각하고(24절) 백합화를 생각해야 한다(27절). 요점은 분명하다. 우리는 걱정할 필요가 없다. 세상은 우리 아버지가 친밀하게 개입하신 징표로 가득하기 때문이다. **우리는 아버지가 돌보시는 세상에서 살아간다.**

현대 문화의 특징은 사람들이 자연적인 인과 관계만을 본다는 점이다. 우리는 우리를 둘러싼 세상을 넘어서는 무언가를 상상하기 힘들어한다. 마치 우리가 그림을 볼 때, 액자(프레임) 안만 쳐다보는 것과 같다. 우리는 예술가의 손을 인식하는 능력을 상실했다. 액자 밖에 존재하는 모든 이유는 묵살된다.[11] 그리스도인조차 하나님이 때로 기적을 행하셔서 액자 안으로 갑자기 들어오신다고 주장하기는 하지만, 실제로는 우리가 그 액자에 갇혀 있다고 생각한다. 즉 세상은 자연적인 인과 관계로 가득하고 간헐적으로만 기적이 있다고 생각하는 것이다. 우리는 하나님이 가끔 우리 삶에 잠깐 손을 대실 뿐이라고 마지못해 인정한다.

하지만 사실, **모든 것이** 하나님의 행위다. 때로 하나님은 직접적으로 일하신다(우리가 기적이라고 하는 것들). 그리고 때로 하나님은 매개하는 원인으로 일하신다(우리가 자연 원인이라고 하는 것). 하지만 우리 하늘 아버지는 모든 곳에서 일하신다. 위로의 편지를 전하는 배달원도 하나님의 대행자다. 비록 그들은 자신이 하나님의 동업자라는

3장 · 모든 기쁨에서 우리는 성부의 너그러우심을 즐길 수 있다

사실을 모른다고 할지라도 말이다. 농부, 방앗간 주인, 제빵사, 가게 주인 및 유사한 산업에 종사하는 모든 사람은 하나님이 우리에게 음식을 선물로 주시기 위해 사용하는, 하나님의 자비하심을 나타내는 대행자다.

액자 안에 살아간다는 말의 의미는 우리가 일하시는 하나님을 간헐적으로 본다는 것이다. 왜냐하면 하나님을 평범하지 않은 곳에서만 보기 때문이다. 하지만 그 액자를 버리면 갑자기 세상이 빛난다. 이제는 당신이 시선을 두는 곳마다 하나님의 너그러움이 보이기 시작한다. 메릴린 로빈슨의 소설 「하우스키핑」(마로니에북스 역간)의 주인공 루스 이야기를 들어보자. 루스의 아버지가 일찍 돌아가시면서 루스의 할머니가 세 자매를 돌봤는데, 루스는 이렇게 묘사한다.

> 할머니는 언제나 주위의 모든 것을 우아하게 보이도록 만드는 천가지 방법을 아셨다. 할머니는 천 개의 노래를 아셨다. 할머니가 만든 빵은 부드러웠고, 비가 오는 날이면 쿠키와 사과 소스를 만드셨다. 여름에는 피아노 위 꽃병에 장미를 두셨는데, 언제나 꽃잎이 크고 싱싱했다. 활짝 폈던 꽃잎이 떨어지면, 기다란 중국식병에 정향, 백리향, 시나몬 스틱과 함께 담아 두셨다. 할머니가 돌보신 아이들은 풀을 먹인 시트 위에서 퀼트 이불을 덮고 잤는데, 아침이 되면 돛이 바람을 잔뜩 품은 듯 커튼은 빛으로 가득했다.[12]

하나님은 우리를 은혜로 둘러싸시는 천 가지 방법이 있다(그리고 할머니의 돌봄도 거기에 포함된다).

새들이 지저귀는 모습을 보면 즐겁다. 당신은 이 현상을 어떻게 설명할 것인가? 당신을 그 현상을 어떻게 이해하는가? 자연을 따른다고 하는 온갖 해석이 있다. 진화에 따른 욕구니, 자연적인 본능이니, 영역을 지키기 위한 행위니 하는 해석 말이다. 하지만 예수님은 우리를 초대하셔서 하나님이 친밀하게 개입하심을 보게 하신다. 즉 아버지가 지으신 세계를 보게 하시는 것이다. 당신은 꽃을 본다. 꽃은 참으로 아름답다. 그러나 오늘 여기에 있어도 내일이면 사라진다(눅 12:28 참조). 꽃은 최선의 질서를 따르는 일회용 예술이다! 무어라 설명할 것인가? 당신은 무엇을 보는가? 여기에도 자연을 따른다고 하는 온갖 해석이 있다. 씨앗을 내기 위해서라거나, 유전학에 따른 것이라거나, 광합성을 위한 것이라는 등 말이다. 하지만 예수님은 우리를 초대하셔서 하나님이 얼마나 세심하게 관여하시는지를 보게 하신다. 이것이 바로 아버지가 돌보시는 세상이다. 19세기 설교자 찰스 스펄전은 말한다.

> 루터는 새들과 하나님이 새들을 돌보시는 방법에 대해 얼마나 자주 즐겨 말했는가! 그는 불안으로 가득할 때 새를 부러워했다. 새들은 자유롭고 행복한 삶을 살기 때문이다. 루터는 자기를 찾아와 루터 씨에게 좋은 이야기를 많이 해주던 참새 씨, 개똥지빠귀 씨 외에 여러 새에 관해 이야기한다! 당신도 알다시피, 형제자매여, 저 밖에 있는 새들을 하나님이 돌보신다. 그것도 사람이 돌보

는 새들보다 훨씬 잘 돌보신다.[13]

에덴동산에서 뱀은 하나님이 무관심한 아버지이시기에 우리가 스스로 해결해야 한다고 거짓말했다. 사탄은 하나님의 존재나 하나님의 능력을 논박하지 않는다. 거짓말의 요지는 하나님이 돌보시지 않는다는 점이었다. 하지만 모든 증거는 그 반대를 가리킨다. 하나님은 아담과 하와를 안전하고 풍부한 곳에 두셨다. 그리고 그들에게 한 나무를 제외한 모든 나무의 열매를 주셨다. 하나님의 공급은 충분했다. 하지만 인류는 하나님이 멀리 계시고, 돌보시지 않는다는 거짓말을 믿어 버렸다. 그리고 여전히 우리도 그렇다. 오늘날도 예수님이 말씀하시는 우리 문제는 믿음 부족이다(28절). 우리는 하나님이 돌보신다는 사실을 믿지 않는다. 우리는 하나님을 멀게 생각한다. 이 세상은 아버지의 돌봄을 받지 못한다고 여긴다.

악몽을 꾸는 어린아이가 있다고 하자. 괴물들이 다가와 덮치려고 한다. 그 순간 아이는 누가 흔드는 것을 느낀다. 눈을 뜨니 아버지의 걱정 어린 얼굴이 보인다. 그러자 갑자기 모든 것이 괜찮아진다. 그리고 다시 웃을 수 있다. 삶의 위협은 실제라고 생각하지만 하나님의 약속은 꿈나라 이야기처럼 여기는 것이 우리 문제다. 하지만 실제로는 우리가 직면하는 많은 위험이 꿈이다. 우리는 마음에 "혹시 이러면 어쩌나"와 "만약에"를 가지고 온갖 두려운 가능성을 만들어 낸다. 하지만 그것들은 실제가 아니다. 오직 우리 상상에서만 존재한다. 여러 문제가 너무나 실제처럼 느껴진다. 하지만 그것이 **전**

부가 아니다. 우리는 하나님이 부재한다고 느껴지는 꿈나라에서 하나님의 말씀이 흔드는 것을 느끼고 정신을 차려 실제 세상, 즉 아버지가 돌보시는 세상으로 와야 한다. 우리는 믿음의 눈을 열어 우리 하늘 아버지의 웃으시는 모습을 봐야 한다.

존 오웬은 우리에게 상상력을 사용하라고 격려한다. 그는 무엇이든 "세상에 존재하는 사랑스럽고 부드러운 본질"(a loving and tender nature in the world)로 그려 보라고 요청한다. 모든 결점이 사라진 세상을 상상해 보라는 것이다. 이렇게 하면 우리는 아버지의 사랑을 생생하게 그릴 수 있다. "그분은 아버지이자, 어머니이자, 목자이자, 새끼를 품은 닭과 같다." 모든 것이 사랑의 근원이신 아버지의 사랑을 가리키는 역할을 한다.[14]

우리는 복을 그분의 선물로 받음으로 반응한다

이 세상은 마법 같은 곳이다. 하나님이 자신이 지으신 세상에 내린 판단은 이러하다. "하나님이 지으신 그 모든 것을 보시니 보시기에 **심히 좋았더라**"(창 1:31). 경이의 세상이다. 우리는 떡갈나무, 수없이 다양한 품종의 쌀, 제인 오스틴의 소설, 네온 불빛, 과거 분사, 우주 탐사선, 달팽이, 카레가 있는 세상에서 살아간다. 무엇이든 손에 집으라. 무엇이든 말이다. 그러면 당신 손에 경이로운 무언가를 확인하게 될 것이다!

물 한 컵을 생각해 보라. 가장 간단해 보이는 대상이지만 거기에 모든 생명이 의지한다. 우리는 물을 마신다. 물로 씻는다. 물 안에서 헤엄치며 논다. 우리는 물장난할 수도 있다. 또 우리는 물총의 세상에서 살아간다. 왜 그러한가? 우리가 재미를 누릴 수 있기 위함이다. 그런데 이 물은 당신에게 비로 내려온다. 우리는 물이 그냥 하늘에서 떨어지는 세상에서 살아간다. 그것이야말로 가장 기이한 일이 아닌가? 비 오는 날을 불평하지 말라. 그 누가 물이 하늘에서 떨어지는 세상을 고안할 수 있겠는가?

당신은 지루할 이유가 전혀 없다. **하나님의** 세상에서는 말이다. 우리는 아름다움이 지나친 세상, 아름다움이 남아도는 세상에서 살아간다. 나뭇잎을 생각해 보라. 모든 나뭇잎은 고유하다. 하나님은 모든 나뭇잎이 똑같은 세상을 만드실 수도 있었다. 그랬으면 성가신 일이 훨씬 덜했을 것이다. 하나님은 나뭇잎들을 같은 디자인으로 찍어낸 플라스틱 컵과 같은 세상을 만드실 수도 있었다. 하지만 모든 나뭇잎을 하나님의 손으로 만드셨다. 그리고 모든 나뭇잎은 정교하게 빚어진 아름다움 그 자체다. 빛에 비춰 보면 잎맥이 표면 아래로 구불거리는 모습이 보인다. 게다가 매년 잎사귀 중 절반은 반투명한 녹색에서 짙은 붉은색, 갈색 노란색 등으로 다채롭게 변한다. 그러면 이제 숲을 생각해 보자! 거기에는 수백만 개의 잎이 있고, 그 잎도 각자 고유하게 아름답다. 당신이 근처 숲에 가서 거기에 있는 모든 나뭇잎을 하나씩 확인하려면 평생이 걸릴 것이다. 그런데 봄마다 하나님은 그 과정을 또다시 시작하신다. 하나님은 자신에게 말씀하신다. "참 대단했어. 다시 해 보자."

　모든 잎사귀가 다르다. 모든 눈송이도 다르다. 모든 지문이 다르다. 하나님은 모든 지문마다 소용돌이를 그리셨는데 그 각각이 고유하다. 왜 그러한가? 말이 안 된다. 그리고 이 아름다움은 대부분 인식되지도, 언급되지도, 인정받지도 못한다. 오직 하나님만 즐기신다. 하나님은 자신의 기쁨과 영광을 위해 이 일을 하고 계신다. 하나님은 재미있게 지내신다. 잠언 8장 30, 31절에서 지혜는 사람처럼 말한다. 그분이 예수님이고, 우리의 참된 지혜가 되신다. 예수님은 하나님이 세상을 창조하실 때 계셨기에 이렇게 말씀하신다. "나는 계속 그분 옆에 있었다. 나는 날마다 즐거움으로 가득했고, 그분의 임재 가운데 항상 즐거웠다. 그분이 지으신 모든 세계를 즐거워하고 인간을 기뻐했다." 그분은 모든 나뭇잎과 모든 생명의 아름다움을 즐기시기에 그분의 날은 기쁨으로 가득하다.

　「찰리와 초콜릿 공장」(시공주니어 역간)의 윌리 윙카는 금으로 된 입장권을 다섯 장 발행한다. 그래서 그 입장권을 얻은 운 좋은 다섯 명만 그가 만든 엄청난 초콜릿 공장에 들어가게 된다. 하나님은 적어도 입장권을 70억 장 발행하셨고 당신도 그 운 좋은 사람 중 한 명이다. 당신은 하나님의 놀라운 세상에 들어가도록 선택받았다.

- 물이 하늘에서 떨어지는 세상
- 개미들이 언덕을 짓는 세상
- 물이 녹고, 뚝뚝 떨어지고, 다시 얼어서 고드름이 되는 세상―

천재적이다!

- 자극이 있어 나침반이 북쪽을 가리키는 세상
- 한 줄이 한 음을 내면, 그 줄을 반으로 했을 때 한 옥타브 높은 동일한 음이 나오는 세상―그 확률은 얼마인가?
- 물수제비를 뜰 수 있는 곳―황홀하다.
- 말장난과 라임과 리듬과 두운이 있는 세상―말들이 재미있는 세상
- 당신이 음악 때문에 눈물 흘릴 수 있는 세상

당신은 **하나님의** 세상에서 지루할 이유가 전혀 없다.

감사의 마음이 우리를 하나님에게 더 가까이 이끈다

데이브는 장교이기 때문에 때로 부대 배치나 훈련 때문에 집을 떠난다. 그가 집에서 멀리 떨어지게 되면 종종 아내 수지에게 사랑의 징표로 꽃을 보낸다. 그런데 수지가 데이브의 관심이 부족하다고 불평하면서 꽃을 배달한 꽃집 주인을 칭찬한다면 잘못된 일이다. 하나님은 우리에게 자신의 선물을 전달할 수단을 사용하신다. 우리에게 너그럽게 구는 이들에게 감사를 표하는 것은 바른 일이다(수지가 꽃을 배달해 준 꽃집 주인에게 감사했으리라 확신한다). 하지만 궁극적으로 주신 분은 하나님이다. 우리가 하나님을 멀리 떨어져 계시고 우리에게 관심

없는 분으로 생각하면서 그 수단을 찬양하는 일은 없어야 한다.

감사는 강력한 행위다. 우리 모두는 매우 쉽게 우리에게 없거나 만족하지 못하는 것들에 집중한다. 특히 엄청나게 많은 광고가 그러한 감정을 강화시키기 위해 고안되었기 때문에 우리는 그들이 공급하는 상품을 사 버린다. 하지만 감사는 우리 생각을 우리가 갖지 못한 사소한 것에서 이미 우리 소유인 놀라운 복으로 향하게 만든다. 햇빛, 새소리, 우정은 우리가 즐기고 만끽하기를 기다리고 있다. 거기에는 어떤 요구 조건이나 비용도 없다. 우리가 하나님의 자녀로서 우리 소유가 된 그 복들을 헤아리기 전부터 그러하다. 다만 이 기쁨의 보고를 여는 열쇠가 감사다.

더욱 의미심장한 것은 감사가 선물에서 우리 눈을 돌려 그 선물을 주신 분을 보게 한다는 것이다. 다른 말로 하면 감사는 우리를 하나님에게로 다시 인도한다. 한번은 예수님이 자신들을 불쌍히 여겨 달라는 열 명의 문둥병자를 만나셨다. 예수님은 그들을 제사장에게 보내셨다. 제사장은 그들이 깨끗하게 되었다고 확증해 줄 수 있는 사람이기 때문이다(눅 17:11-19 참조). 그들은 고침받고 떠났다. 그런데 그들 중 한 사람만 예수님에게 돌아와 그 발 앞에 엎드려 감사했다. 이 이야기의 마지막을 보면, 열 명의 문둥병자 중 오직 한 사람만 예수님과 있었다. 오직 한 사람만 예수님과 교제를 즐겼다. 그리고 그를 예수님에게 되돌아가게 만든 것이 감사였다. 감사는 우리 육체가 처한 처지에 영향을 주지 못할 수도 있다. 하지만 우리에게 모든 것을 주시는 위대한 분, 하나님에게 가까이 나아가도록 만든다.

실천으로 옮기기

장 칼뱅은 우리가 즐기는 모든 것이 "하나님에게 더 가까이 오르게 하는 사다리"라고 말한다. 그는 또 이렇게 말했다. "하나님은 은혜로 우리를 부드럽게 자신에게 끌어당기신다. 그리고 아버지로서의 다정함을 맛보게 하신다." 하지만 칼뱅은 또한 경고한다. "그분을 망각하는 것보다 우리가 더 쉽게 빠져 버리는 일도 없다. 특히 우리가 평안함과 안락함을 즐길 때는 더욱 그러하다."[15]

지난주에 당신이 즐겼던 온갖 좋은 것을 다시 생각해 보라. 하나님에게 감사할 다섯 가지를 생각해 보라. 특정한 수치를 대라고 해야 하나님이 당신에게 얼마나 자비로우셨는지를 더 깊이 생각해 볼 수 있을 것이다. 모든 것이 당신의 하늘 아버지가 주신 선물로서 당신에게 전달된 것이라고 상상해 보라. 아버지와 관계 맺는 한 가지 방법은 이것들을 그분의 선물로 받아들이는 것이다. 즉 이 모든 것을 주신 하나님에게 감사하고, 기도 응답을 구하고, 다른 사람에게 하나님이 어떻게 공급하셨는지 나누고, 모든 좋은 것을 그분이 공급해 주신 것으로 경축하라.

실천 사항

이번 주에는 날마다 당신을 기쁘게 한 대상을 정하라. 그리고 기도하라. "나의 아버지, **이것을** 주셔서 감사합니다. 그것은 하나님이 주신 정말 멋진 선물입니다."

마이크와 엠마의 월요일 아침

월요일 아침. 시작은 좋았다. 어제 교회에서의 경험 때문인지 가벼운 마음으로 베이컨 샌드위치를 만들기 시작했다. 아이들은 거실에서 조용히 놀고 있었다. 침실에 있는 엠마에게 커피를 한 잔 가져다주고 뺨에 가볍게 입을 맞추었다. 창밖에는 해가 빛나고 새들이 지저귀고 있었다. 삶이 이보다 좋을 수 있는가?

마이크는 길을 걸으며 말한다. "아버지, 베이컨 샌드위치를 주셔서 감사합니다. 얼마나 멋진 식사였는지요. 이 아름다운 아침도 하나님이 사랑으로 주신 선물입니다. 하나님은 참으로 너그러우십니다. 제게 훌륭한 교회와 아름다운 가정을 주셨습니다. 제가 오늘 하루 일하면서도 당신을 보기 원합니다. 그리고 새들을 주셔서 감사합니다. 제가 하나님을 찬양하지 않더라도 새들은 여전히 하나님의 영광을 노래하고 있겠죠!"

? 생각할 질문

• 2장은 하늘 아버지와 대화를 시작해 보라는 도전으로 끝났다. 그리고 생각나는 건 무엇이든 이야기하라고 했다. 어떠했는가?

• 예수님을 아는 일은 성부 하나님에 대한 우리의 사고방식을 어떻게 바꾸어 놓는가?

• 세상을 하나님이 지으신 세상으로 바라보면 우리의 걱정이 어떻게 달라지는가? 또 우리가 기뻐하는 일에는 어떠한 변화가 생기는가?

• 당신이 스스로를 경이로 가득한 세상에 입장하는 황금 입장권의 소유자로 생각한다면 당신의 태도는 어떻게 달라지겠는가?

• 이 세상에서 당신을 경이로 가득하게 만드는 것 한 가지를 생각해 보라.

4장

모든 고난에서 우리는 성부가 우리를 빚으심을 즐길 수 있다

In every hardship we can enjoy the Father's formation

10년 동안 친구 부부는 복음이 전해지지 않은 곳에서 교회를 개척하고자 팀을 꾸려 왔다. 그러던 중 막 태어난 아기에게 기형과 장애가 있다는 이야기를 듣게 되었다. 그 순간 그들의 모든 계획은 완전히 바뀌었다. 그 계획이 부유함이나 안전함을 목적 삼은 것은 아니었다. 그들은 최전선에서 그리스도를 섬기기 위해 위험한 땅을 향하고 있었다. 하지만 더 이상은 그럴 수 없었다. 친구는 내게 말했다. "장애가 있는 아이는 괜찮아. 다만 우리는 여기 있는데 다른 사람들이 떠나며 작별 인사할 때가 오히려 가슴이 저며 와."

하나님은 도대체 무얼 하고 계신가? 삶에 좋은 일들이 일어난다면, 그것들을 하나님을 즐길 기회로 받아들이기란 쉽다. 하지만 고난은 어떠한가? 교통 체증은 어떠한가? 빽빽 우는 아이는? 만성 질환은? 잠이 오지 않는 밤은? 이해할 수 없는 상사는? 사적인 갈등은? 깨진 약속은? 성가시게 하는 이웃은? 충족되지 않은 소망은?

여기 히브리서 기자의 답이 있다.

> 또 아들들에게 권하는 것같이 너희에게 권면하신 말씀도 잊었도다 일렀으되 내 아들아 주의 징계하심을 경히 여기지 말며 그에게 꾸지람을 받을 때에 낙심하지 말라 주께서 그 사랑하시는 자를 징계하시고 그가 받아들이시는 아들마다 채찍질하심이라 하였으니 너희가 참음은 징계를 받기 위함이라 하나님이 아들과 같이 너희를 대우하시나니 어찌 아버지가 징계하지 않는 아들이 있으리요 징계는 다 받는 것이거늘 너희에게 없으면 사생자요 친아들이 아니니라(히 12:5-8).

히브리서 기자는 이것을 "권면하신 말씀"(5절)이라고 묘사한다. 나는 이 말이 참이라고 굳게 믿는다. 고난을 하나님의 훈육으로 보는 것은 혁명적인 사고 전환이다. 여기에 고난에 대한 우리 태도를 완전히 바꿀 잠재력이 있다.

모든 고난에서 우리는 아버지의 사랑을 즐긴다

히브리서는 우리에게 (잠언 3장 11, 12절을 인용하여) 아버지의 말씀을 준다. "주께서 그 사랑하시는 자를 징계하시고 그가 받아들이시는 아들마다 채찍질하심이라 하였으니"(히 12:6). 고난은 하나님이 우리를 싫어하신다거나 인연을 끊으시겠다는 징표가 아니다. 오히려 그 반대다. 하나님이 우리를 사랑하시고 그분의 자녀로 받아 주셨다는 징표다. 그리스도는 라오디게아 교회에 거의 비슷한 말씀을 하신다. "무릇 내가 사랑하는 자를 책망하여 징계하노니"(계 3:19).

언뜻 보면 말이 되지 않는 주장 같다. 어떻게 하나님이 우리를 사랑하신 결과가 우리의 고통이란 말인가? 히브리서 기자는 인간 아버지와 비교한다. "어찌 아버지가 징계하지 않는 아들이 있으리요 징계는 다 받는 것이거늘 너희에게 없으면 사생자요 친아들이 아니니라"(히 12:7, 8). 아이를 징계하기란 힘든 일이다. 걸음마를 배우는 자녀가 한 일을 없는 셈 치는 편이 쉽고, 화난 십 대 자녀가 방에 틀어박혀 있도록 내버려 두는 편이 쉬울 때가 많다. 인간 부모인 우리도 이번은 넘어가자고 할 때가 종종 있다. 우리는 마트 복도에서 자녀와 얼굴을 맞대고 다투며 편안함을 위협받거나 평판을 망치고 싶어 하지 않는다. 하지만 우리는 그렇게 하는 것이 이기적인 태도임을 안다. 우리는 단기간의 편리함 때문에 장기간에 걸친 자녀 양육을 희생하게 될 수도 있음을 안다. 나는 때로 전투를 선택해야 한다는 점을 깨달았다. 하지만 핵심은 여전히 같다. 장기적으로 **징계는 사랑의 행위다.**

우리 하늘 아버지도 다르지 않으시다. 그분은 사랑하시기 때문에 우리를 징계하신다. 우리는 이 말을 이렇게 바꿀 수 있다. "사랑이 징계를 이끈다면 징계는 사랑의 징표다." 히브리서 기자가 주장하는 핵심이 그렇다. "주께서 그 사랑하시는 자를 징계하시고"(히 12:6).

우리 중 몇몇은 그렇게 하기가 매우 어렵겠지만, 이 세상을 아버지가 돌보시는 세상으로 본다면 모든 고난을 아버지의 사랑의 징표로 기꺼이 받아들일 수 있다. 그리고 거기에 나쁜 날을 좋은 날로 바꾸는 능력이 있다. 나쁜 날은 아버지이신 하나님이 내리신 징계로 가득한 날이다. 하지만 하나님이 아버지로서 주시는 징계는 사랑의 징표다.

그리고 우리는 더 나아갈 수 있다. 이 본문은 난데없이 나온 것이 아니다. 히브리서 11장에서 기자는 구약에 등장하는 위대한 믿음의 영웅을 여럿 언급한다. 그는 절정이신 예수님까지 그 명단에 넣었다. 예수님을 "믿음의 주요 또 온전하게 하시는 이"(12:1, 2)라고 한다. 그리고 히브리서 기자는 이렇게 적용한다. "너희가 피곤하여 낙심하지 않기 위하여 죄인들이 이같이 자기에게 거역한 일을 참으신 이를 생각하라"(12:3). 예수님은 아들이시다. 그분은 본질상 하나님의 아들로서 성부 하나님의 존재 자체를 공유하신다. 그런데 그 거룩하신 성자 예수님도 징계당하셨다. 히브리서 5장 8절은 이렇게 말한다. "그가 아들이시면서도 받으신 고난으로 순종함을 배워서." 구원의 "창시자"는 "고난을 통하여 온전하게"(2:10) 되셨다. 예수님에게 죄가 있다거나 교정받으셔야만 했기 때문이 아니다. 오히려 그분은 우리와 함께 고난당하심으로 우리의 중재자가 되실 **준비가 되셨다.**

고난은 그분이 해야만 하는 일에 준비되게 하였다.

이제 히브리서 기자는 우리에게 "생각하라"고 권한다. 우리 역시 하나님의 자녀이기 때문이다. 우리는 본질상 아들이 아니지만, 하나님에게 입양됨으로 아들과 딸이 되었다. 따라서 우리가 고난을 당한다면, 우리가 성자와 같은 아들이라는 징표다. 그리고 성자가 성부와 맺은 관계처럼 우리도 성부와 관계 맺는다는 뜻이다.

나는 반항하는 딸을 팔로 꽉 잡는다. 그러면 딸은 혼란스러워하며 울부짖는다. '어떻게 아빠가 이렇게 끔찍하게 됐지?' 그러는 와중에 엄마는 고약한 맛이 나는 액체를 목에 흘려보내려고 시도한다. 그 장면을 상상해 보라. 당신은 아마도 관여하고 싶은 유혹을 받을 것이다. 이 불쌍한 소녀를 잔인한 부모에게서 구출하고 싶을 것이다. 물론 이제 당신은 우리가 약을 주고 있다는 사실을 알았겠지만 말이다. 외적으로는 잔인해 보이는 행위가 딸을 건강하게 만든다. 어떤 아빠가 이런 식으로 딸과 싸우겠는가? 바로 사랑이 넘치는 아버지가 그렇게 한다.

때로 성부 하나님은 우리를 자신의 손아귀에 강하게 쥐신다. 너무 꽉 조이셔서 상처가 나기도 한다. 하지만 이것은 사랑의 징표다. 그분은 위대한 인내심과 끈기로 우리 죄라는 열병을 제거하신다. 저자 프레데릭 리하이는 이렇게 말한다. "하나님은 법적인 의미로 우리 죄를 벌하지는 않으신다. 갈보리에서 이미 충분히 그렇게 하셨다. 그분이 자기 백성에게 가하시는 징벌은 자비롭고 인정 많은 아버지가 사랑으로 교정하는 행위로 이해해야 한다."[16]

고난은 하나님과 교제하는, 하나님과 우리의 관계를 즐기는 수단이 될 수 있다. 우리가 믿음으로 고난을 받아들이기만 한다면, 고난에는 우리를 하늘 아버지께 더 가까이 데려다주는 능력이 있다. 우리는 모든 역경에서 아버지의 사랑을 즐길 수 있다.

모든 고난에서 우리는
아버지가 우리를 빚으심을 즐길 수 있다

우리 고난에는 하나님의 목적이 있다. 하나님은 고난을 사용하여 우리를 빚으시고 자라게 하신다.

> 또 우리 육신의 아버지가 우리를 징계하여도 공경하였거든 하물며 모든 영의 아버지께 더욱 복종하며 살려 하지 않겠느냐 그들은 잠시 자기의 뜻대로 우리를 징계하였거니와 오직 하나님은 우리의 유익을 위하여 그의 거룩하심에 참여하게 하시느니라(히 12:9, 10).

히브리서는 다시 인간의 징계와 하나님의 징계 사이에 유사점을 보여 준다. 징계에는 목적이 있다. 보통 우리는 자녀가 성장하고 성숙하도록 징계한다. 우리는 자녀들이 권위를 존경하고 다른 이를 배려하도록 가르친다. 보통은 그렇다. 물론 우리가 실망하거나 마음이 상해서 자녀들을 징계할 때도 있다. 그리고 일반적으로는 그렇게 한다고 해서 좋은 결과를 낳지 못한다! 때로 우리는 최선을 다하지만 우리 지식은 제한되어 있다. 우리 자녀는 얘가 이렇게 말했니, 쟤가 저렇게 말했니 논쟁할 것이고 우리는 무슨 일이 일어났는지도 정확히 모른 채로 중재해야 한다. 그렇지만 우리는 적어도 원칙상 그 징계가 자녀의 유익을 위해서라는 점은 안다.

이제 완벽한 아버지를 상상해 보라. 형제와 자매라는 경쟁자들이 들려주는 간접 설명에 의지하지 않으시는 아버지. 우리 행위만이 아닌 우리 마음을 보시는 아버지. 무한한 인내심과 완벽한 지혜로 자식의 훈육을 결정하시는 아버지. 그런 아버지는 무엇을 이루려고 할 것인가? 그 답은 거룩이다. "하나님은 우리의 유익을 위하여 그의 거룩하심에 참여하게 하시느니라"(히 12:10).

나쁜 일도 좋은 일인 양 굴어야만 한다는 말은 아니다. 악은 악이다. 당신이 부정의에 희생당하고 있다면, 당신은 있는 그대로, 부정의는 옳지 않다고 이야기할 수 있다. 당신이 병으로 힘겨워하고 있다면, 당신은 있는 그대로, 병은 하나님이 만드신 좋은 세상의 흉터라고 이야기할 수 있다. 나쁜 일도 기쁜 일인 것처럼 굴어야만 하는 것은 아니다. 11절은 말한다. "무릇 징계는 어떤 것이든지 그 당시에는 즐거움이 아니라 괴로움으로 여겨지지만"(새번역) 아프다고 말하는 것은 괜찮다. 장애, 상실, 실망, 압박, 이 모든 것은 괴로움이다.

하지만 하나님의 손에서는 나쁜 일들도 목적이 있다. 11절은 계속해서 말한다. "무릇 징계가 당시에는 즐거워 보이지 않고 슬퍼 보이나 후에 그로 말미암아 연단받은 자들은 의와 평강의 열매를 맺느니라." 우리는 심지어 하나님이 그분의 영광과 우리의 선을 위해 죄악 된 사람들이 악한 의도로 행한 나쁜 일도 사용하신다고 확신할 수 있다. 우리는 질투에 찬 형제들이 노예로 팔아 버린 요셉의 삶에서 이러한 예를 확인한다. 그들의 배신을 돌아보며 요셉은 이렇게 말할 수 있었다. "당신들은 나를 해하려 하였으나 하나님은 그것을 선으로 바꾸사 오늘과 같이 많은 백성의 생명을 구원하게 하시려 하셨나니"(창 50:20).

하나님이 고난을 사용하여 거룩을 만드신다는 개념은 핵심적인 질문을 야기한다. 하나님이 징계하실 때마다 우리는 방향을 바꿔야만 하는가? 아니면 특정한 죄를 회개해야 한다는 뜻인가? 내가 생각하기에 답은 이렇다. **때로는 그렇다. 하지만 많은 경우는 그렇지 않다.**

때로 하나님의 징계는 특정한 죄를 회개하라는 촉구다. 예를 들어 고린도 교회의 몇몇 구성원은 사회의 속물근성을 교회로 끌고 와서 동료 그리스도인을 멸시했다. 더욱이 그들은 그리스도인의 연합을 상징하는 성찬마저도 이러한 사회적 분열을 강화하도록 사용한다. 가난한 자는 먹지도 못하고 지내는데 그들끼리 거창하게 식사를 즐겼다. 바울은 이렇게 평결한다. "주의 몸을 분별하지 못하고 먹고 마시는 자는 자기의 죄를 먹고 마시는 것이니라 그러므로 너희 중에 약한 자와 병든 자가 많고 잠자는 자도 적지 아니하니"(고전 11:29, 30). 그들에게 생긴 병은 특정한 죄에 대한 하나님의 징계였고, 바울은 그들에게 회개하라고 촉구한다. 그래서 때로 하나님은 우리를 징계하여 회개하도록 하신다.

하지만 이것은 하나님의 징계가 작동하는 **일반적인 방식은 아니다.** 예수님은 모든 고난이 특정한 죄와 연결되어 있다는 가정을 거부하신다(요한복음 9장에서 앞이 보이지 않은 채로 태어난 사람을 고치신 사건에서 보이듯). 하나님의 징계는 단순한 교정보다 훨씬 광범위한 것이다. 우리는 선생님이 회초리를 휘두르신다거나 '반성합니다'라는 문장을 백 번 써내라고 했다고 생각해서는 안 된다.

그러면 내가 당하는 고난이 회개해야 하는 징표인지 아닌지를 어떻게 알 수 있는가? 죄가 반복된다면 분명하다. 하나님은 공격 자세를 취하고 우리가 실수하기를 기다리는 분이 아니다. 사랑 많은 아버지의 징계는 그러하지 않으며, 하나님의 징계도 그러하지 않다. 그분은 우리를 잡으러 오는 분이 아니다. 그분은 우리의 선을 위해 일하신다. 그분의 목적은 우리의 거룩함이다. 그리고 하나님은 무얼 잘못했는지 맞혀 보라는 식으로 우리를 놀리는 분이 아니다. 죄는 우리를 눈멀게 할 수 있다. 따라서 우리에게는 우리에게 죄를 지적해 줄 누군가가 필요할지 모른다. 바울이 고린도 교인들에게 했듯이 말이다. 하지만 우리가 특정한 죄를 회개해야 한다면 더욱 분명할 것이다.

이 말은 우리가 처한 상황을 해석하기 위해 우리 스스로를 올무에 얽맬 필요는 없다는 뜻이다. 우리가 항상 다음처럼 말할 수 있는 것은 아니다. "이 일은 저 일 때문에 일어났다." 오히려 대부분은 그렇게 말할 수 없다.

그러면 보통 하나님의 징계는 어떻게 나타나는가? 히브리서 기자는 징계로 인해 "연단"(12:11)받음을 말한다. 그리고 운동선수 심상으로 시작한다. "모든 무거운 것과 얽매이기 쉬운 죄를 벗어 버리고 인내로써 우리 앞에 당한 경주를 하며"(히 12:1). 당신이 무거운 코트를 입고 있거나 허리에 몇 십 킬로그램의 추를 달고 있다면 잘 달릴 수 없을 것이다. 몸 상태를 만들기 위해서는 훈련 계획이 필요하다. 시합을 앞둔 권투 선수를 훈련시키는 코치를 생각해 보라. 근력운동, 줄넘기, 팔 굽혀 펴기, 윗몸 일으키기를 끝없이 시키고 링에서 스파링도 할 것이다. 록키가 아이들 무리를 뒤로하고 필라델피아 예술 박물관 계단을 뛰어오르는 장면을 생각해 보라. "징계"는 이런 의미에서 코치가 운동선수에게 가하는 훈련이다. 하나님의 징계는 제대로 몸 상태를 만들게 하는 훈련 기간과 같아서 우리가 선한 싸움을 싸우고 경주를 마무리할 수 있게 한다(딤전 6:12, 딤후 4:7 참조).

최근에 나는 네 살 먹은 소년이 정글짐 꼭대기에 올라 다른 편으로 내려가려고 하는 모습을 봤다. 하지만 꼭대기에서 소년은 얼어붙었다. 꼼짝하지 못했다. 계속 가기도 너무 무섭고 뒤로 내려올 수도 없었다. 그래서 아빠에게 도와달라고 외쳤다. 하지만 아빠는 말했다. "괜찮을 거야." 소년은 더 크게 소리를 질렀다. 그러자 부모의 무관심은 더 분명해졌다. 마침내 아버지가 다가와 아들 뒤에 섰다. 언제든 잡을 준비를 하고 말이다. 하지만 여전히 도와주지는 않았다. 마침내 아들은 앞으로 발을 조금씩 움직였고, 자세를 이리저리 바꿔 혼자서 아래로 내려올 수 있었다. 아빠는 잘했다고 칭찬해 주었다.

그 이후 소년은 계속해서 해냈다. 올라가서 같은 장소에서 멈추고는 도와달라고 크게 외쳤고, 그러면 아버지는 더 많이 격려했다. 얼마 지나지 않아 아이는 민첩하고 자신감 있게 동작을 해냈다. 아버지는 아들을 도와주러 가지 않음으로써 아들이 자신감을 배울 수 있게 했다. 정글짐 꼭대기에서 오도 가도 못하며 도와달라고 외치던 소년은 아버지가 자신을 버렸다고 느꼈을지 모른다. 하지만 무관심처럼 보였던 것이 사실은 계산된 훈련의 행위였다. 때로 하나님의 징계가 이러하다. 우리는 도와달라고 부르짖으며 하나님이 무관심하다고 느낄지 모른다. 하지만 사실 하나님은 우리가 하나님을 신뢰하고, 더욱 경건해지고, 믿음을 정제하도록 가르치고 계신다. 그리고 내내 우리가 떨어지면 잡아 주시려고 준비하고 계신다.

아니면 맡은 역할을 감당할 수 있도록 일련의 업무를 부여받은 신입 직원을 생각해 보라. 아마도 그는 몇몇 지침을 받을 것이다. 그리스도인들이 교회에서 선포되는 설교를 통해 그렇듯이 말이다. 하지만 그들은 또한 그 일에 따르는 모든 어려움을 경험할 수 있는 업무들을 받을 것이다. 기억하라. 우리가 하나님의 아들과 딸로 받는 징계란 아들이신 예수님이 완벽하게 행하신 본을 따른다(히 2:10, 5:8 참조). 예수님에게 징계란 잘못된 것을 수정하는 것이 아니라 역할을 감당할 준비를 하는 것이었다. 마찬가지로 성부 하나님은 우리 삶의 모든 상황을 주의 깊게 조정하셔서 그분을 신뢰하고 섬길 수 있도록 준비시키신다.

당신의 오늘은 어떠했는가?

다음을 잠시 생각해 보라. 당신의 하루를 돌아보라. 일어난 모든 일은 성부 하나님이 당신의 유익을 위해, 당신의 거룩함을 계발하기 위해 거기에 두신 것이다. 당신이 계획했던 움직임들과 불시에 일어난 사건들을 생각해 보라. 당신이 즐겼던 것과 잘못된 것도 생각해 보라. 버터 바른 면으로 떨어진 식빵, 깨끗한 스웨터로 떨어진 치약, 자녀가 카펫에 쏟은 우유, 이 모든 것이 하나님이 재단하신 훈련 프로그램의 일부다. 이러한 관점의 변환은 하루의 모든 순간을 바라보는 방법을 근본적으로 바꿔 놓는다. 때로 우리는 어쩔 수 없이 삶이 우리가 가는 길에 던져 놓은 큰 도전들을 깊이 생각하게 된다. 만성 질환이나 실직, 자식의 죽음 등이 그렇다. 하지만 우리는 날마다 삶에서 일어나는 사건을 하나님이 계획하신 일부로 보는 일에는 익숙하지 않다.

당신이 교통 체증을 만났다고 하자. 당신은 약속에 늦을까 봐 걱정된다. 그리고 시간이 흐를수록 기분이 상한다. 하지만 당신이 다음과 같이 자신을 일깨우면 어떻겠는가? "하나님은 내 삶에 통제력을 잃지 않으셨다. 이것도 하나님의 계획이다. 하나님은 나를 마음에 두시고 이 일을 고안하셨다. 이 일을 통해서 나는 무엇을 배울 수 있을까? 하나님이 내 삶을 돌아보시며 하나님의 말씀을 묵상하라고 주신 순간인가?" 물론 거기에서 어떤 목적도 찾아내지 못할 수 있다. 하지만 그렇다고 해서 거기에 목적이 없다는 뜻은 아니다. 당신이 아버지의 돌보심을 신뢰하는 것으로 충분하다. 당신이 다음과 같이 기도하는 것으로 충분하다. "나의 아버지, 이 일을 허락하셔서 감사합니다. 이를 통해 제가 더욱 예수님을 닮게 하시옵소서."

바울은 유명한 말을 남겼다. "우리가 알거니와 하나님을 사랑하는 자 곧 그의 뜻대로 부르심을 입은 자들에게는 모든 것이 합력하여 선을 이루느니라"(롬 8:28). 성부 하나님은 우리 삶의 사소한 일 중에서도 일하신다. 그분의 목적은 무엇인가? 성경은 말한다. "그 아들의 형상을 본받게 하기 위하여 미리 정하셨으니 이는 그로 많은 형제 중에서 맏아들이 되게 하려 하심이니라"(롬 8:29). 우리가 어떻게 우리 아버지이신 하나님에게 돌아왔는지, 어떻게 우리 형님 예수님에게 돌아왔는지 주의하라. 하나님은 삶의 고난을 사용하셔서 우리를 그분의 아들의 형상으로 바꾸셨고, 그래서 성자에게 아버지의 사랑을 받았던 자기 경험을 나누실 많은 형제자매를 주셨다.

하나님은 우리를 징계하셔서 우리 믿음을 정제하시고, 우상에서 젖을 떼게 하시고, 우리의 자기 의존성을 흔드시고, 하나님의 능력을 나타내심으로 우리가 하늘을 향하도록 하신다. 무엇보다 하나님은 우리를 징계하셔서 우리가 무익한 기쁨의 근원에서 돌아서서 그분 안에서만 참된 기쁨을 찾게 하신다.

실천으로 옮기기

우리는 삶의 고난에 어떻게 반응해야 하는가? 히브리서 12장 5절은 두 가지 답을 준다. "내 아들아 주의 징계하심을 경히 여기지 말며 그에게 꾸지람을 받을 때에 낙심하지 말라."

1. 주의 징계하심을 경히 여기지 말라

고난 중에 하나님의 손을 보지 못하면 하나님의 징계를 가볍게 여기게 된다. 우리는 고난을 처리해야 할 문제, 그저 받아들일 수밖에 없는 삶의 사실, 목적 없는 재앙으로 볼 때가 몹시 많다. 하지만 7절은 말한다. "너희가 참음은 **징계**를 받기 위함이라." 다른 말로 하면, 고난이 올 때 그것을 단순히 고난으로 생각하지 말고, 징계로 생각하라는 것이다. 고난을 하나님이 주신 선물로 받아들이라. 성장할 기회로 진지하게 받아들이라.

2. 그에게 꾸지람을 받을 때에 낙심하지 말라

일이 잘되지 않을 때, 하나님이 우리를 버렸다고 생각하기 쉽다. 즉 하나님이 우리를 신경 쓰지 않으신다거나 우리를 포기하셨다고 믿는 것이다. 그렇기에 "아들들에게 권하는 것같이 너희에게 하신 권면"(5절)을 잊지 말아야 한다. 히브리서 기자는 이 증거를 해석하는 다른 방식을 제공한다. 우는 아기나 괴팍한 상사, 또는 망가진 관계는 하나님이 우리 삶에 개입하시는 징표다. "주께서 그 사랑하시는 자를 징계하시고 그가 받아들이시는 아들마다 채찍질하심이라 하였으니"(6절). "하나님이 아들과 같이 너희를 대우하시나니"(7절). 우리 삶에 하나님이 주시는 징계는 우리가 "참 자녀"(8절, 새번역)라는 징표다.

마지막으로 생각할 거리가 있다. 눈을 감고 다음과 같이 상상해 보라. 당신은 조수석에 앉아 있다. 운전하기에 환경이 썩 좋지 않다. 비가 내리치고 차는 꽉 막혔으며 밖은 어둡다. 몇 년 전 나도 딱 그런 상황에서 운전하다가 빗길에 미끄러져 차가 180도 회전하는 바람에 정반대 방향을 바라보게 된 적이 있었다. 그래서 나는 굉장히 불안한 느낌이 든다. 당신은 어떠한가? 안전한 느낌인가? 물론 그 대답은 운전하는 사람이 얼마나 주의 깊고 유능한 운전자인지에 달려 있다. 그러면 당신이 하늘 아버지의 품에 안겨 있다고 생각해 보라. 그리고 가는 길은 바로 당신의 삶이다. 당신은 살아가면서 아버지의 팔로 보호받고 있다. 그리고 그분은 가장 주의 깊고 가장 유능한 운전자다.

눈을 다시 감고 빗속을 달리는 상상의 차로 돌아와 보자. 당신 주위에서 나는 소음을 의식하라. 길에서 타이어가 덜커덩거리는 소리가 나고, 다른 차가 지나가면서 물벼락을 치는 소리도 난다. 아마도 앞 유리 와이퍼는 "끽끽" 소리 내고 있을 것이다. 그 소음을 당신이 보호받고 있는 일종의 고치라고 생각하라. 당신을 세상에서 보호해 주는 일종의 보호막으로 여기라는 것이다. 그리고 그 소음을 하나님의 임재를 느끼는 것으로 대체하라. 그 길을 가는 동안 때로 울퉁불퉁하기는 해도 우리는 그분이 안전하게 영광의 집까지 데려가실 것을 확신할 수 있다.[17]

실천 사항

이번 주에는 무언가가 잘못되면 이렇게 기도하라. "나의 아버지, 이 일을 주셔서 감사합니다. 이 일을 사용하셔서 저를 예수님과 더 닮아지게 하소서."

마이크와 엠마의 월요일 아침

그런데 역에 도착해 보니 타려던 기차가 갑자기 취소되어 있었다. 결국 승객들이 다음 기차에 몰렸고 마이크는 서서 가야만 했다. 책을 읽으려던 계획은 포기해야 했다. 그런데 그를 밀어붙이고 있는 녀석은 데오드란트에 대해서는 전혀 모르는 것 같았다. 앞으로 40분은 즐겁지 않을 것이 분명했다.

마이크는 생각했다. '아마 하나님은 내가 인내를 배워야 한다고 생각하시나 보다. 아니면 이 시간을 주셔서 어제 설교를 생각하게 하시는 걸 수도.' 마이크는 속삭인다. "내 아버지, 이 기차를 보내 주셔서 감사합니다. 이 모든 일에 있는 하나님의 목적이 무엇인지 전혀 모르겠습니다. 하지만 이 기회를 사용하셔서 저를 예수님과 더 닮아지게 하시옵소서."

그 시간 엠마는 부엌 바닥에서 우유를 닦고 있었다. 샘과 제이미는 양말을 두고 다투고 있었다. 그리고 귀여운 뽀삐 …… 뽀삐는 어디 있지? 마침 눈을 들어 보니 시리얼 박스가 식탁에서 넘어지고 있었다. 엠마는 생각했다. '어떻게 이렇게 빨리 하루가 엉망이 될 수 있담?'

"하지만 하나님은 여전히 좋으시지." 엠마는 스스로에게 말한다. "아버지, 이런 날을 주셔서 감사합니다. 제가 바라던 대로 시작하지는 않았지만 말이에요. 평안함을 지킬 수 있는 힘을 주세요. 그리고 이날을 사용하셔서 예수님과 더 닮아지게 해주세요."

❓ 생각할 질문

- 3장은 이 세상을 하나님이 주신 선물로 감사히 받으라는 도전으로 마무리됐다. 어떠했는가?
- 당신이 아버지께 받은 징계를 생각해 보라. 그 일은 하나님의 징계에 대한 당신의 관점에 어떻게 영향을 줬는가?
- 하나님이 고난을 사용하셔서 당신을 예수님과 더 닮게 만드신 때를 기억할 수 있는가?
- 하나님의 징계를 경시한다는 것은 어떤 모습일까? 낙심하는 것은 어떠

한 모습일까? 우리는 어떻게 이런 태도에서 스스로를 지킬 수 있는가?

• 우리는 고난을 직면할 때 보통 묻는다. "난 어떻게 해야 하는가?" 하지만 현재 힘들어 하는 일을 다시 살펴보며 다음과 같이 물음으로써 당신의 반응을 재구성하라. "하나님은 내가 무엇을 배우기 원하시는가?" 또는 "하나님은 내가 어떻게 변하기를 원하시는가?"

5장

모든 기도에서 우리는
반기시는 성부를 즐길 수 있다

In every prayer we can enjoy the Father's welcome

성부 하나님은 자비하시다. 바울은 루스드라 사람들에게 말한다. "여러분에게 하늘로부터 비를 내리시며 결실기를 주시는 선한 일을 하사 음식과 기쁨으로 여러분의 마음에 만족하게 하셨느니라"(행 14:17). 하지만 자기 백성에게 베푸시는 그분의 자비하심은 더욱 풍성하고 더욱 넘친다. 하나님은 우리에게 "그리스도 예수 안에서 우리에게 자비하심으로써 그 은혜의 지극히 풍성함"(엡 2:7)을 보여 주신다.

성부 하나님을 생각할 때 "자비하심"이라는 용어가 정말로 도움된다. "사랑"은 몹시 큰 단어이기 때문에 외형적인 돌봄도 포괄한다. 예를 들어 우리는 가족을 먹여 살리기 위해 열심히 일은 하지만 자녀에게 어떠한 관심이나 기쁨도 보이지 않는 아버지를 묘사할 때도 사랑이라는 단어를 쓸 수 있다. 아마 당신도 성부 하나님을 이렇게 생각할 수 있다. 그분은 선하시고 바른 일을 하신다. 그분은 당신에게 필요한 것을 공급한다는 의미에서 당신을 사랑하신다. 하지만 당신은 그분을 멀리 떨어져 계신 분이나 무심한 분으로 생각한다. 그렇다면 그분의 자비하심을 생각해 보라. 상상력을 발휘하여 단어 놀이를 해보자. 하나님은 자비하시다. 또 자비하심을 우리에게 보이신다. 그 단어를 당신이 쓸 수 있는 다른 단어로 대체하라. "하나님은 내 기도에 응답하신다"라는 말을 "내 아버지는 자비하셔서 내 기도에 응답하신다", "클라라는 토요일에 큰 도움이 되었어"라고 말하는 대신 "하나님이 자비하셔서 토요일에 클라라를 보내 나를 도와주셨어"라고 하는 것이다. 날마다 하나님이 당신에게 어떻게 자비를 베푸셨는지 생각하라. 그리고 예수님을 사람으로 나타나게 하신 아버지의 자비하심도 생각해 보라. 디도서 3장 4, 5절은 이렇게 말한다. "우리 구주 하나님의 자비와 사람 사랑하심이 나타날 때에 우리를 구원하시되 우리가 행한 바 의로운 행위로 말미암지 아니하고 오직 그의 긍휼하심을 따라 중생의 씻음과 성령의 새롭게 하심으로 하셨나니." 하나님의 자비가 "나타[났는데]", 예수님과 같았다는 것이다. 당신이 하나님의 자비하심을 보고 싶으면 예수님의 삶과 죽음을 보라. 이것이 하나님의 자비하심을 보여 주는 척도다. 이것이 인간의 몸을 입으신 하나님의 자비하심이다. 이것이 당신에게 주신 그분의 자비다.

하나님이 예레미야 선지자를 통해 하신 말씀을 들으라.

그들은 내 백성이 되겠고 나는 그들의 하나님이 될 것이며 내가 그들에게 한 마음과 한 길을 주어 자기들과 자기 후손의 복을 위하여 항상 나를 경외하게 하고 **내가 그들에게 복을 주기 위하여** 그들을 떠나지 아니하리라 하는 영원한 언약을 그들에게 세우고 나를 경외함을 그들의 마음에 두어 나를 떠나지 않게 하고 **내가 기쁨으로 그들에게 복을 주되** 분명히 나의 마음과 정성을 다하여 그들을 이 땅에 심으리라(렘 32:38-41).

우리 아버지는 우리에게 "복을 주[실]" 것이다(심지어 삶이 그렇게 항상 좋은 것 같지 않을 때도). 그리고 하나님이 우리에게 선을 베푸시는 이유는 그분의 "직무 기술서"가 그렇게 되어 있기 때문이 아니다. 그분은 우리에게 복을 주기를 즐기신다! 그분은 "마음과 정성을 다하여" 그렇게 하신다.

아버지가 베푸시는 자비에는 기도를 통해 우리를 그분의 임재로 초대하시는 것도 있다. 그분은 자기 자녀들이 자신에게 이야기하는 것을 즐겨 들으신다. 그분은 우리 기도에 응답하시며 우리에게 선행하기를 기뻐하신다.

예수님과 기도하기

예수님은 이른바 산상수훈에서 제자들에게 기도를 가르치신다(마

5-7장). 그리고 기도에 관한 이 가르침은 하나님을 우리 아버지로 보라는 것이 전부다. 이 설교에서 예수님은 열다섯 차례나 "너희 아버지"라고 하시는데, 그 내용 대부분은 기도의 가르침에 몰려 있다.[18] 하나님을 우리 아버지로 보는 것은 종교 의무에 대한 우리 태도를 근본적으로 바꿔 놓는다. 즉 종교를 **관계**로 바꾸는 것이다.

하지만 예수님의 가르침에서 가장 놀라운 구절은 주기도문을 시작하는 단어가 "너희 아버지"가 아닌 **"우리** 아버지"(마 6:9)라는 점이다. 핵심은 그리스도인이 서로에게 가족이라는 점이 아니다. 물론 그것도 사실이지만 말이다. 핵심은 우리가 예수님과 함께 기도하고, 예수님과 함께 "우리 아버지"라고 한다는 점이다. 하늘에 계신 당신의 아버지가 예수님의 아버지신 것이다. 이제 **예수님**이 성부 하나님과 누리는 관계가 **당신이** 성부 하나님과 누리는 관계가 되었다.

한번 상상해 보라. 제자들은 예수님이 기도하시는 모습을 계속해서 지켜봤다. 그들은 예수님이 하나님과 누리는 친밀함을 알고 있었다. 그들은 예수님이 하나님과 고유하고 친밀한 관계를 누리심을 볼 수 있었다. 하지만 그들은 여전히 그것이 정확히 무엇을 의미하는지 알아 가는 중이었다. 그들이 그때까지 깨닫지 못한 점은 예수님이 하나님이라는 사실이었다. 즉 예수님이 성부와 영원히 하나의 신적인 존재를 공유하며, 성부께 영원히 사랑받는 존재라는 것이다. 예수님은 기도의 친밀함을 누리시는 가운데 하늘에서 누리신 친밀함을 이 땅에서도 이어 가셨다. 그런데 예수님이 그들에게 오셔서 팔을 어깨에 두르시고 이렇게 말씀하신 것이다. "이게 바로 너희가 기도해야 할 방식이야. '우리 아버지'라고 해 봐." 다른 말로 하면 이렇다. "나와 함께 기도하자. 내가 하나님과 누리는 관계를 함께하자. 너도 나처럼 사랑받으니까 말이야."

장 칼뱅은 말한다. "그리스도는 진정한 아들이시지만 우리에게 스스로 형제로 주어진 바 되었고, 그렇기에 그분이 본질적으로 자기 소유로 가지신 것들이 양자 됨의 혜택으로 우리 것이 되었다."[19]

이 말을 적절하게 잘라서 소화해 보자. 우선 예수님은 "하나님의 진정한 아들"이시다. 그분은 독생자시다. 또 다른 하나님의 아들은 없다. 시간이 시작하기 전부터 예수님은 성부 하나님과 서로를 사랑하시고 기뻐하시는 친밀한 관계에 있으셨다.

둘째로, 예수님은 "우리에게 주어진 바 되었다." 그분은 마치 종이로 포장된 선물처럼 주어졌다. 그분은 우리에게 "형제로" 주신 바 되었다. 그분은 인간의 육체를 입으시고 우리와 하나가 되셔서 우리가 그분과 하나가 될 수 있게 하셨다. 그래서 이제 우리는 믿음으로 굳게 하나로 묶였다. 당신과 예수님은 분리될 수 없다!

셋째로, "그분이 본질적으로 자기 소유로 가지신 것"이다. 본질적으로 그분의 것은 무엇인가? 그분은 영원히 독생자이시다. 그분의 본질은 항상 성부와 성령과 공유된다. 우리 머리로 이해하기 힘들다는 사실을 안다. 성부와 성자는 하나의 존재를 공유하며 사랑으로 함께 묶인다. 예수님의 정체성에 이 사실이 얼마나 깊게 각인되어 있는지 생각해 보라. 그분은 영원히 아들이시다. 그분이 아들이 아닌 적은 한 번도 없었다. 인간 역사 전 기간에 걸쳐, 그리고 영원의 모든 기간에 걸쳐, 즉 한 번도 쉬지 않고 아버지와 아들은 계속해서 깊은 사랑과 기쁨의 관계 안에 있었다.

넷째, 이게 핵심인데 예수님이 우리에게 주신 것이 바로 이 관계, 이 사랑, 이 기쁨이라는 말이다. 칼뱅에 따르면 예수님이 우리에게 주신 바 되었기 때문에 이제 본질상 그분의 것이 "양자 됨의 혜택으로 우리 것이 되었다!" 그분의 아버지가 우리의 아버지가 되신다. 그분이 경험하신 아버지의 사랑이 우리가 경험한 아버지의 사랑이 된다. 그분이 기도하며 하나님에게 나아감이 우리가 기도하며 나아감이 된다. 배신당하시는 그날 밤 예수님은 기도하셨다. "곧 내가 그들 안에 있고 아버지께서 내 안에 계시어 그들로 온전함을 이루어 하나가 되게 하려 함은 아버지께서 나를 보내신 것과 또 나를 사랑하심같이 그들도 사랑하신 것을 세상으로 알게 하려 함이로소이다"(요 17:23). 우리는 하나님이 예수님에게 베푸신 그 사랑과 동일한 사랑을 받는다.

당신은 세를 내는가?

복음서를 보면 조금 이상한 이야기가 있다. 성전세 징수자들이 베드로에게 와서 예수님이 세금을 냈는지 물어보는 장면이다. 예수님은 베드로에게 말씀하신다.

이르되 내신다 하고 집에 들어가니 예수께서 먼저 이르시되 시몬아 네 생각은 어떠하냐 세상 임금들이 누구에게 관세와 국세를 받느냐 자기 아들에게냐 타인에게냐 베드로가 이르되 타인에게니이다 예수께서 이르시되 그렇다면 아들들은 세를 면하리라(마 17:25, 26).

예수님은 하나님의 집을 유지하기 위해 세를 내실 필요가 없었다. 그분은 하나님의 아들이시기 때문이다. 그분은 이 땅의 왕이 아닌 하늘의 왕이신 하나님의 아들이시기 때문에 면제이시다. 당신이 하숙인이라면 비용을 내는 것이 당연하다. 하지만 예수님은 아들이지 세입자가 아니시다. 아버지가 네 살배기 자녀에게 밀린 방 값을 내라고 청구하는 장면을 상상해 보라!

하지만 예수님은 그들이 실족하지 않게 하려고 세금을 내신다. 예수님은 베드로에게 물고기를 잡으면 네 드라크마에 해당하는 동전을 찾을 것이라고 말씀하신다. 이 이야기는 예수님의 다음 말씀으로 마무리된다. "가져다가 나와 너를 위하여 주라 하시니라"(마 17:27). 이 이야기의 핵심은 두 단어다. **너를 위하여.** 베드로도 예수님과 같은 상황이었다! 예수님과 마찬가지로 베드로는 실족하지 않게 하려고 세를 낸다. 하지만 예수님과 마찬가지로 베드로는 면제다. 왜 그러한가? 예수님과 함께라면 베드로도 하나님의 아들이 되기 때문이다. 당신이 그리스도 안에 있다면 당신도 마찬가지다. 당신은 하나님 집의 세입자가 아니다. 당신은 자녀다. 당신은 친자이신 예수님과 동일한 권리와 특권을 누린다.

누가는 삼위일체의 관계를 생생하게 보여 주는, 예수님의 삶에 있던 놀라운 순간을 기록한다. 누가복음 10장 21절은 말한다. "그때에 예수께서 성령으로 기뻐하시며 이르시되 천지의 주재이신 아버지여 이것을 지혜롭고 슬기 있는 자들에게는 숨기시고 어린 아이들에게는 나타내심을 감사하나이다 옳소이다 이렇게 된 것이 아버지의 뜻이니이다." 예수님은 "성령으로" 기쁨을 경험하신다. 성령은 사랑으로서, 이 성령을 통해 성부와 성령이 서로를 즐거워하신다. 그리고 여기에서 예수님이 기뻐하시는 이유는 다른 이들이 삼위일체 하나님의 즐거움에 동참하기 때문이다.

그것뿐이 아니다. 예수님은 이렇게 하는 것이 "아버지의 뜻"이라고 하신다. 그분은 과거 시제를 사용하셨다. "옳소이다 이렇게 **된** 것이 아버지의 뜻이니이다." 우리가 삼위일체의 기쁨에 참여함은 아버지의 영원한 계획이 실현되었기 때문이다. 아버지의 계획은 항상 이것이었고 지금 실현되고 있다. 우리를 양자로 들이신 일은 그저 아버지의 의무가 아니었다. 그건 그분의 기쁨이다.

성령으로 기도하기

하나님은 태생상 아들인 예수님을 보내서서 당신을 입양하시고 아들과 딸로 삼으셨다. 하지만 하나님은 거기서 끝내지 않으셨다. 당신을 그분의 자녀 삼는 것으로는 충분치 않으셨다. 하나님은 당신이 자기 자녀처럼 **느끼고** 자기 자녀처럼 **살기를** 원하신다. 그래서 하나님은 성령을 보내셔서 우리가 그분의 자녀로서 친밀함과 자부심을 느끼게 하신다.

> 너희가 육신대로 살면 반드시 죽을 것이로되 영으로써 몸의 행실을 죽이면 살리니 무릇 하나님의 영으로 인도함을 받는 사람은 곧 하나님의 아들이라 너희는 다시 무서워하는 종의 영을 받지 아니하고 양자의 영을 받았으므로 우리가 아빠 아버지라고 부르짖느니라 성령이 친히 우리의 영과 더불어 우리가 하나님의 자녀인 것을 증언하시나니(롬 8:13-16).

당신이 자녀라는 사실을 모른다면 의무감과 거절당할까 두려워하는 마음에 노예로 살게 될 것이다. 그래서 성부 하나님은 성령을 보내셔서 우리를 인도하게 하신다. 마치 구름 기둥과 불기둥으로 이스라엘을 노예 상태에서 자유함으로 인도하신 것처럼 말이다(출 13:21, 22 참조).

사막에서 이스라엘 백성이 어떠했는지를 기억하라. 하나님은 그들을 애굽의 노예 상태에서 구원하시고, "내 장자"(출 4:22, 23)라고 부르신다. 하지만 이스라엘 백성이 애굽으로 돌아가려고 했던 순간들이 있다. 그들은 사막에서 적대적인 민족들에 둘러싸여 있었고 외로웠다. 당신이 살아 계신 하나님의 자녀라면 그래도 괜찮다. 하나님이 공급하시고 보호하실 것을 완전히 예상하기 때문이다. 하지만 당신이 스스로를 자녀로 여기지 못한다면, 애굽이 더 나은 선택지처럼 보일 것이다.

나는 우크라이나에서 거리의 아이들을 위해 열린 캠프에 관하여 들은 적이 있다. 그들이 처음 도착하면 어린이들이 음식을 숨긴다고 한다. 사랑하는 부모님 없이 살았기 때문에 언제 다음 식사가 나올지 알 수 없는 까닭이다. 그래서 기회만 되면 음식을 따로 보관한다. 하지만 캠프 인도자들이 자신들을 돌본다는 사실을 확신하면 더 이상 그렇게 하지 않는다. 당신은 자신을 하나님의 자녀로 바라볼 수 있어야만 노예 시절을 회상하는 일을 멈출 수 있다. 그리고 하나님이 보호하시고 공급하신다는 사실을 확신하고 자유롭게 희생하며 하나님을 섬길 수 있다.

바울은 갈라디아서 4장 6절에서 말한다. "너희가 아들이므로 하나님이 그 아들의 영을 우리 마음 가운데 보내사 **아빠** 아버지라 부르게 하셨느니라." 바울이 성령을 "아들의 영"으로 묘사했다는 점에 주의하라. 셋과 하나의 원칙을 기억하라. 삼위일체의 각 위격은 한 존재이기에 성령을 만난 것은 성자를 만난 것과 같다. 이 말은 성령이 우리에게 주신 경험은 성자의 경험과 전혀 다를 바가 없다는 뜻이다. 우리는 성령을 통해 성자가 경험한 바를 경험한다. 즉 성부 하나님의 자녀가 되는 기쁨과 사랑과 자부심을 경험하는 것이다.

초기 신학자인 아우구스티누스는 「삼위일체론」(분도출판사 역간)에서 성자가 영원히 독생자이신 것처럼 성령도 영원히 주어지신다고 주장한다. 성령은 사랑의 유대로서 성부에 의해 성자에게 주어졌고, 성부와 성자의 연결고리다. 따라서 성자는 영원히 성령을 통해 본인의 아들 됨을 경험한다. 그리고 이제 성자는 우리에게 성령을 주셔서 아들이 되는 그 동일한 경험을 하게 하신다. 그래서 우리는 성부에게 사랑받을 수 있다.

"성령으로 **아빠** 아버지라고 부르게 하심"이라는 말이 어떻게 들리는가? 우리는 그분의 자녀이기에 성부는 우리 마음에 성자의 영을 주셔서 우리가 "**아빠** 아버지"(롬 8:15)라고 부르게 하신다.

입양됨의 기쁨

친구 부부는 아들을 한 명 입양했다. 그들은 "새로운 이름을 갖는 날"이라고 정한 날, 즉 법적인 입양 절차가 마무리되는 날이 되자 아들에게 "이제부터 네 이름은 벤 그레이슨이란다"라고 말해 줬다.[20] 벤은 순간 깊이 생각에 잠겼다. 그리고 고개를 들더니 자신 있게 말했다. "그래요. 내가 맞아요." 그 말은 **법적** 절차에 대한 벤의 판단이 아니다. 그건 이미 지난 일이었다. 그건 **관계의** 과정에 대한 벤의 판단이었다. 벤이 "그래요. 내가 맞아요"라고 말한 건, 자신이 아들처럼 사랑받는다고 **느꼈고** 그레이슨 부부가 부모처럼 **느껴졌기** 때문이다. 우리의 영이 성령을 통해 "**아빠**, 아버지"라고 부르짖을 때 우리의 영이 바로 이렇게 말하는 것이다.

아들의 영이 아니면 우리는 기도하지 못한다. 나를 못 믿겠다면 이렇게 해 보라. 지금 당장 당신이 어디에 있든지 미국 대통령에게 선물을 요청하라. 물론 우스운 일이다. 대통령은 (아마도) 당신과 함께 있지 않을 것이고, 만약 대통령이 거기에 있다고 할지라도 당신 말을 들어줘야 할 이유는 없기 때문이다. 하지만 그리스도인들은 일상적으로 훨씬 파격적인 일을 한다. 우리는 하늘의 왕께 그분이 우리를 들으실 수 있다고, 또 들으신다고 완벽하게 기대하며 선물을 달라고 요청한다. 왜 그러한가? 하나님의 영이 우리의 영에 우리가 하나님의 자녀임을 증거하고 우리 아버지인 하나님에게 요청하라고 부추기기 때문이다. 우리는 우리 기도가 천장에 부딪혀 떨어지는 것이라고 생각하지 않기에 기도한다. 따라서 순간 하나님이 아무리 멀게 느껴지든, 우리 기도가 아무리 형식적으로 느껴지든, 우리는 어느 정도 하나님이 우리 소리를 들으신다고 자각하기 때문에 기도한다. 그것이 성령이 하시는 일이다. 성령은 우리를 아버지와 연결하시고, 그분이 우리 아버지이며 우리가 부르짖는 것을 즐겨 들으신다고 확신하게 하신다.

성령의 강력한 사역

놀라운 사실이 있다. 성령이 우리 마음에 하시는 일이 매우 강력한 나머지 우리는 그에 대해 별로 생각해 보지 않는다는 점이다. 우리는 별다른 생각 없이 기도한다. 오히려 당연하게 여긴다. 사실은 기도할 때마다 머뭇거려야 정상이다. "내가 정말로 이렇게 할 수 있는 건가? 내가 정말로 하나님에게 나아갈 수 있는 건가? 내가 정말로 하나님에게 무언가를 구할 수 있는 건가?" 그런 질문이 오히려 정상이다. 우리는 천사도 그 앞에서는 얼굴을 숨기는 분에게 나아가는 것이 아닌가? 다만 우리가 망설이지 않는 이유는 성령이 우리 마음에 하나님이 인자하고 자애로운 아버지시고, 우리 기도를 기쁘게 들으신다고 증거하시기 때문이다. 역설적인 사실은 하나님이 행하시는 사역이 매우 강력하기에 우리는 그걸 거의 알아차리지 못한다는 점이다!

19세기 설교자 찰스 스펄전은 이렇게 말했다. "하나님이 당신을 사랑하신다는 결정적인 증거 없이 당신이 하나님을 사랑하기란 불가능하다." 그는 더 나아가 의심으로 가득한 어느 여성의 이야기를 들려준다. 그녀는 자신이 그리스도를 사랑함을 알게 되었지만, 그리스도가 자신을 사랑하지 않으면 어쩌나 두려웠다. 스펄전은 말했다. "오, 저는 그런 의심으로 힘들었던 적은 한 번도 없습니다. 단 한 번도. 전혀요. 왜냐하면 저는 그것을 확신하기 때문입니다. 우리 마음은 본래 몹시 타락했기에 하나님이 먼저 우리 마음에 사랑을 두지 않으시면 절대로 하나님을 향한 사랑은 있을 수 없기 때문입니다." 스펄전은 진술한다.

당신은 확신해도 좋다. 만약 당신이 하나님을 사랑한다면, 그것은 결실일 뿐 뿌리가 아니다. 하나님 사랑은 당신 안에 있는 어떤 선함의 힘으로 거기에 있는 것이 아니다. 당신은 완벽하게 확신하며 결론 내릴 수 있다. 하나님 편에서는 어떤 어려움도 절대로 없다. 문제는 언제나 당신 편에 있는데, 이제는 당신 편에서도 그 어려움이 사라졌기 때문에 더 남은 어려움은 전혀 없다. 오 우리 마음이여, 기뻐하며 큰 기쁨으로 충만하라. 구주가 우리를 사랑하셔서 우리를 위해 자신을 주셨으니.[21]

어떻게 성부 하나님이 우리와 관계 맺으시는가? 한 가지 답변은 그분이 우리 기도를 들으신다는 것이다. 사실 그분은 우리 기도 듣기를 기뻐하시고, 자기 자녀에게 좋은 것 주기를 기뻐하신다.

너희 중에 누가 아들이 떡을 달라 하는데 돌을 주며 생선을 달라 하는데 뱀을 줄 사람이 있겠느냐 너희가 악한 자라도 좋은 것으로 자식에게 줄 줄 알거든 하물며 하늘에 계신 너희 아버지께서 구하는 자에게 좋은 것으로 주시지 않겠느냐(마 7:9-11).

그러면 우리는 어떻게 반응해야 하는가? 우리는 기도한다! 우리 기도는 절대로 우리 아버지에게 짐이 아니다. 그분은 우리 이야기를 즐겨 들으시고 우리 기도로 영광을 받으신다. 부자지만 당신에게 관심이 없는 아버지가 있다고 해 보자. 당신은 아버지께 무언가를 요청하여 귀찮게 하고 싶지 않을 것이다. 아버지가 당신 이야기를 들어주기 꺼린다고 생각하기 때문이다. 그럼 이제 관대하지만 가난한 아버지가 있다고 해 보자. 당신은 아버지께 무언가를 요청하여 귀찮게 하고 싶지 않을 것이다. 왜냐하면 요청을 해도 그렇게 해주실 수 없음을 알기 때문이다. 아버지가 들어주실 수 없는 요청을 함으로써 아버지를 당황하게 하고 싶지 않을 것이다. 따라서 우리가 하나님에게 요청한다는 것은 하나님이 그렇게 하기를 원하시고 또 하실 수 있음을 신뢰하는 일이다. 그렇게 우리는 그분의 능력과 사랑에 모두 영광 돌리는 것이다. 우리는 그분을 자애롭고, 능력 있는 아버지로 대접한다. 그렇게 하나님은 우리 기도로 영광을 받으신다.

당신이 기도 중에 아이와 같은 요청을 하는 것은 기초적인 영성이고, 거기에서 시작해 명상 기도나 심지어 침묵까지 나아가야 한다는 생각을 접하게 될 수 있다. 물론 하나님의 말씀과 성품과 사역과 사랑을 묵상하는 시간을 보내는 것도 좋다. 사랑과 경배로 반응하는 것도 훌륭하다. 하지만 우리는 절대로 어린아이처럼 요청하는 일에서 졸업할 수 없다. 오히려 어린아이처럼 요청하는 것이 **고급** 영성이다. 예수님은 제자들 사이에 아이를 두고 말씀하셨다. "그러므로 누구든지 이 어린아이와 같이 자기를 낮추는 사람이 천국에서 큰 자니라"(마 18:4). 아버지 하나님 앞에 아이처럼 나아가는 것보다 대단한 일은 없다.

우리는 기도를 처리해야 할 과업처럼 생각해서는 안 된다. 기도는 한 분과 관계 맺는 방법이자, 그 관계를 즐기는 방법이다. 하나님은 우리 이야기를 기쁘게 들으시는 사랑 많은 아버지시고, 기도는 우리가 그분과 시간을 보낼 수 있는 기회다. 개인적으로는 기도를 하나님과 함께 있는 장소로 생각할 때 유익이 있었다. 그리스도는 하늘로 오르셨고, 우리는 그리스도와 함께 있다. 따라서 우리도 그리스도 안에서 하늘로 오른 것이다(히 10:19-22 참조). 그래서 나는 내가 하늘로 올라가 하나님과 함께 있는 상상을 한다. 아니면 하늘을 상상하기가 어렵기 때문에 내가 있는 공간을 하나님이 채우신다고 생각한다. 하늘이 내 세상으로 침투해 오는 것이다. 나는 상상 속에 그 공간을 창조한다. 그 외부에는 나머지 세상이 있고, 그 내부에는 내가 하늘 아버지와 함께 있는 것이다.

눈을 감으라. 성부 하나님이 당신을 사랑으로 둘러싸시며 당신과 함께 방에 계신다고 상상하라. 당신이 시끄러운 장소에 있다면, 그 소음에 집중하는 것으로 시작하라. 그렇게 하면서 소음을 배경으로 사라지게 하고, 하나님의 사랑을 느끼는 것으로 대체하라. 그런 후에 그냥 말하라. 할 수 있다면 크게 말하고, 다른 사람이 있다면 머릿속으로 말하라.

이렇게 상상하지 못한다고 해서 걱정하지 말라. 요점은 기도를 일종의 과업이 아닌, 아버지와 관계 맺음으로 여기는 것이다. 하나님을 아버지라고 생각하고 마음에 있는 것을 그냥 말하라. 아니면 하나님으로 시작해도 좋다. 하나님이 누구인지, 하나님이 당신에게 행하신 일을 생각하는 것이다. 그런 후에 감사 찬양으로 반응하라. 어디서부터 시작할지 잘 모르겠다면 주기도문으로 시작하라(마 6:9-13 참조). 주기도문 각 구절을 당신만의 찬양과 요청으로 채우라.

실천으로 옮기기

우리는 우리 이야기를 기쁘게 들으시는 아버지께 기도한다. 그래서 이번 주에는 모든 기도를 "나의 아버지"라는 단어로 시작하라. 또는 다른 사람과 함께 기도한다면 "우리 아버지"로 시작하라. "하나님" 또는 "주님"으로 기도를 시작할 수도 있다. 그렇게 한다고 해서 잘못은 아니다. 하지만 이렇게 해 보라. 말로, 또 마음으로 "나의 아버지"라고 기도를 시작해 보는 것이다. 이미 이렇게 하고 있다면 "아버지"라는 단어를 말할 때 잠시 멈추는 것도 좋다. 하나님의 자녀 됨을 정말로 즐길 수 있도록 말이다.

실천 사항

이번 주에는 기도할 때마다 "나의 아버지" 또는 "우리 아버지"로 시작하라.

마이크와 엠마의 월요일 아침

10분 후 엠마는 토스트를 한 입 먹고 성경을 폈다. 몇 구절을 읽고 눈을 감은 채로 기도하기 시작했다. "아버지, 마이크가 직장에서 좋은 하루를 보내게 해주세요. 부디 복을 내려 주세요 ……." 제이미가 방으로 들이닥쳤다. "엄마, 내 교복 어디 있어요?" 샘도 바로 뒤에 있었다. "내 숙제 봤어요?" 그리고 뽀삐 …… 뽀삐는 어디 있지?

"샘, 제이미 교복 좀 찾아. 제이미, 너는 샘 숙제를 찾고. 나는 뽀삐를 찾을게." 기도 시간이 방해받았다. 하지만 엠마는 계단을 오르며 계속 기도했다. "아버지 감사합니다. 항상 거기 계시고 언제나 들어 주시니 감사해요. 제 기도가 조금 이상할 때도 말이에요."

❓ 생각할 질문

- 4장은 고난을 주심으로 예수님과 더 닮아지게 하시는 하나님에게 감사하라는 도전으로 끝났다. 어떠했는가?
- 당신은 성부 하나님을 어떻게 생각하는가? 성부 하나님이 자비하시다고 생각하는가?
- 주기도문을 살펴보라. 산상수훈에서 예수님이 우리에게 가르쳐 주신 기도다(마 6:9-13). 각 구절을 자녀가 아버지께 하는 요청으로 바라보라. 어떠한 차이가 있는가?
- 누군가가 하나님에게 기도하기를 망설이는 이유를 나열하라.
- 우리가 기도를 망설일 필요가 없는 이유를 나열하라.

6장

모든 실패에서 우리는
성자의 은혜를 즐길 수 있다
In every failure we can enjoy the Son's grace

1차 세계 대전을 배경으로 하는 영국 시트콤 "블랙애더"(Blackadder) 시리즈가 있다. 주요 인물 중에 스테픈 프라이가 연기한 귀족적인 장군 멜챗이 있다. 그는 아무런 걱정 없는 안전한 사무실에서 자신의 부대를 사지로 보낸다. 그러고는 볼드릭 사병에게 말한다. "걱정하지 말게. 마음이 흔들릴 때면 달링 장군과 내가 네 뒤에 있다는 점을 기억하게." 거기에 블랙애더는 비꼬듯이 덧붙인다. "45킬로미터 정도 뒤에나 있겠지."

뒤가 아닌 앞에

예수님은 우리 뒤에 계시지 않는다. 그분은 우리 앞에 계신다. 히브리서 12장 2, 3절은 이렇게 말한다.

> 믿음의 창시자요 완성자이신 예수를 바라봅시다. 그는 자기 앞에 놓여 있는 기쁨을 내다보고서, 부끄러움을 마음에 두지 않으시고, 십자가를 참으셨습니다. 그리하여 그는 하나님의 보좌 오른쪽에 앉으셨습니다. 자기에 대한 죄인들의 이러한 반항을 참아내신 분을 생각하십시오. 그리하면 여러분은 낙심하여 지치는 일이 없을 것입니다(새번역).

"창시자"라는 단어는 "투사, 모범으로서 그 길을 이끄는 사람"[22]을 의미한다. 우리는 우리 왕을 따라 전장으로 향한다. 그분은 길을 이끌고 우리는 따른다. 그리스도께 그것은 죽음을 의미했다. 그렇기에 우리도 기꺼이 죽겠다는 동일한 의지를 품고 그 전장에 들어서는 것이다. 물론 이 죽음은 자아에 대한 죽음이다. 예수님은 **우리의 모든 것**을 요구하신다. 하지만 자신이 먼저 감내하지 않으신 건 **우리에게 아무것도** 요구하지 않으신다. 멜첫 장군과 달리 예수님은 전선 뒤에 숨어 있는 장군이 아니다.

"반지의 제왕" 3편 〈왕의 귀환〉을 보면 모도르의 적군이 인간 세계를 공격하기 위해 운집한다. 곤도르 성은 방어하지만 희망이 없어 보인다. 그럼에도 진정한 왕인 아라곤은 프로도와 샘에게 시간을 벌어 줄 수 있다는 희망으로 전투에 나서기로 한다. 프로도와 샘은 적군의 힘의 비결인 반지를 파괴하려고 애쓰고 있었다. 아라곤이 적을 치기 위해 나가자 모도르의 문이 열리며 사악한 군대가 블랙 게이트에서 쏟아져 나온다. 아라곤과 그의 군대는 수적으로 엄청난 열세였다. 전장은 갑자기 고요함에 휩쓸린다. 그 순간 아라곤은 검을 들고 뛰어든다. 그 순간 그는 혼자다. 그러자 어린 호빗인 피핀과 메리가 그를 따른다. 그들의 모습이 군대에 용기를 주고 싸움에 나서도록 고무한다. 곧 곤도르의 전 병력이 호빗들을 따른다.

예수님은 우리의 투사, 우리의 지휘자, 우리의 대장이시다. 그분은 약속하셨다. "내 교회를 세우리니"(마 16:18). 그분은 사탄과 죄와 죽음과 대결하시고 승리를 거두고 다시 사셨다.

하지만 예수님은 그저 우리 앞에만 계신 것이 아니다. 그분은 또한 우리 위에 계신다. 바울은 에베소서 1장 22절에서 "만물을 그의 발아래에 복종하게 하시고 그를 만물 위에 교회의 머리로 삼으셨느니라"고 말한다. 예수님이 모든 권위를 받으셨다는 말이 놀랍지는 않다. 하지만 그분이 **왜** 만물 위에 위치하게 되셨는지에 주목하라. 그분은 "교회의 머리"이시기 때문이다. 이 말씀을 생각해 보자. 하나님은 우리를 위해, 즉 당신을 위해 예수님을 만물 위에 두셨다. 예수님은 하늘에서 "교회를 위해" 다스리신다. 예수님은 자기 백성을 보호하시고 우리의 사명을 인도하신다. 그분은 성령을 보내서서 우리가 준비되어 섬기게 하신다(엡 4:7-16 참조).

그렇다고 우리가 세계 선교 팀을 꾸려야만 하는 것은 아니다. 우리가 해야 할 일을 가장 전략적으로 해 나가야만 하는 것도 아니다. 그리스도께서 자신의 교회를 세우시고 자기 백성을 조직하신다. 우리 일은 그분에게 우리 생명을 드리고, 신실한 증인이 되고, 그분을 섬기는 것이다. 그러면 그분이 교회를 세우시는 위대한 전략 가운데 우리를 선택하시고 사용하신다.

예수님은 지금, 바로 자기 백성의 삶과 사명에 적극적으로 관여하신다. 그분의 사역은 오래전 일이고, 그분은 지금 우리와 멀리 떨어져 있다고 생각하기가 쉽다. 나도 예수님을 그렇게 생각하곤 했다. 하지만 예수님이 멀리 있다는 인식은 잘못된 것이다. 매우 잘못된 것이다.

사도행전 내내 예수님이 얼마나 개입하셨는지만 생각해 보라. 예수님은 계속해서 하늘로부터 간섭하신다.[23] 사도행전 7장에서 스데반이 순교당할 때 그를 위로하기 위해 나타나신다. 다마스쿠스를 향하는 길에 선 바울에게도 나타나셔서 믿음으로 부르시고, 사도행전 9장에서는 필생의 사역 계획을 주신다. 사도행전 10-11장에서 예수님은 하늘로부터 베드로에게 말씀하시고 그를 도전하셔서 문화의 경계를 넘어 복음을 전하게 하셨다. 사도행전 9장 34절에서 베드로는 자리에 누운 남자에게 말한다. "예수 그리스도께서 너를 낫게 하시니." 이 진술의 무게감을 느껴 보라. 예수님은 이 땅에 물리적으로 존재하지 않으실지 모른다. 하지만 그분은 여전히 우리 삶을 관여하신다. 그분은 영적으로 존재하신다. 즉 영으로 함께하시는 것이다. 그 말은 예수님이 여전히 강력하게 활동하신다는 말이다.

그러면 예수님은 지금 무엇을 하고 계신가? 치유하시고, 말씀하시고, 구하시고, 위로하시고, 세우시고, 준비시키신다.

아무것도 하지 않느라 바쁘시다

하지만 사실 이 질문에는 다른 답변도 있다. 그리고 그 답변이 반드시 먼저 와야 한다. 예수님은 지금 무엇을 하고 계신가? **아무것도 하지 않으신다.** 이 답변은 생각보다 훨씬 심오하다! 사실 우리가 실패할 때마다 위로가 되는 힘 있는 답변이다.

히브리서 기자는 어떻게 예수님을 설명하는지 살펴보고 자문하라. "예수님은 지금 무엇을 하고 계신가?"

> 제사장마다 매일 서서 섬기며 자주 같은 제사를 드리되 이 제사는 언제나 죄를 없게 하지 못하거니와 오직 그리스도는 죄를 위하여 한 영원한 제사를 드리시고 하나님 우편에 앉으사 그 후에 자기 원수들을 자기 발등상이 되게 하실 때까지 기다리시나니 그가 거룩하게 된 자들을 한 번의 제사로 영원히 온전하게 하셨느니라(히 10:11-14).

예수님은 지금 무엇을 하고 계신가? 앉아 계시고(12절) 기다리신다(13절). 우리가 부르는 찬송 중 다수가 일어서 계신 예수님을 다룬다(그런데 신약 성경에 예수님이 서 계시다고 하는 경우는 단 세 경우다). 그 외 신약 성경은 대부분 예수님이 앉아 계시다고 말한다. 핵심은 이것이다. 그분은 앉아 계신다. 그분의 구원 사역은 이미 다 성취되었기 때문이다. 십자가에서 예수님은 부르짖으셨다. "다 이루었다"(요 19:30). 그분은 우리 죄에 대해 완전한 대속을 이루셨다. 예수님이 더 하셔야 할 일은 없다.

하지만 예수님에게는 아무것도 하지 않으시는 것이 전업으로 하시는 일이다! 그분은 옛 노래 가사처럼 "아무것도 하지 않느라 바쁘시다". 예수님은 우리 대표자시다. 그분은 무엇을 하고 계신가? 하늘에서 우리를 대표하고 계신다. 우리 대신 하늘에 계신 것이다.

당신이 그리스도인이 될 때, 성령을 통해 믿음으로 그리스도와 연합한다. 그 말은 그분의 죽음이 당신의 죽음이고, 그분의 부활이 당신의 생명이 된다는 뜻이다. 그리스도와 우리의 연합은 그분이 우리를 위해 **과거에 하신** 행위가 이루어졌다는 말만은 아니다. 우리는 **지금** 하늘에서 그리스도와 연합한다. 바울은 말한다. "또 함께 일으키사 그리스도 예수 안에서 함께 하늘에 앉히시니"(엡 2:6). 그분은 아버지 앞에서 우리를 대표하신다. 그래서 우리는 믿음으로 하늘에서 그분과 함께한다. 그분의 안식이 우리의 안식이다. 하늘에서 그분의 자리가 하늘에서 우리의 자리다. 그분은 우리의 보증이자 우리의 안전이시다.

예수님은 우리의 대제사장이시고, 예수님이 드리신 희생 제물은 예수님 자신이다. 예수님의 희생은 완전하고 충분했다. 히브리서 7장 27절은 말한다. "그는 저 대제사장들이 먼저 자기 죄를 위하고 다음에 백성의 죄를 위하여 날마다 제사 드리는 것과 같이 할 필요가 없으니 이는 그가 단번에 자기를 드려 이루셨음이라." 이전 제사장들이 직면한 또 다른 큰 제한이 있었다. 즉 그들 모두 곧 죽는다는 것이다. "죽음으로 말미암아 항상 있지 못함이로되"(23절). 하지만 예수님은 그렇지 않으시다. "예수는 영원히 계시므로 그 제사장 직분도 갈리지 아니하느니라"(24절). 예수님은 평생 일을 하시는데, 그분의 생명은 영원하다.

이 모든 것을 더해 보면 우리가 내릴 수 있는 결론은 무엇인가? "그러므로 자기를 힘입어 하나님께 나아가는 자들을 온전히 구원하실 수 있으니 이는 그가 항상 살아 계셔서 그들을 위하여 간구하심이라"(25절). 당신이 예수님을 생각할 때, 무엇보다도 그분이 당신을 위해 아버지 앞에 계신 분이라는 생각을 먼저 해야만 한다.

따라서 그분은 언제나 자기 일을 하시느라 바쁘다. 그리고 그분의 일은 아무 일도 하지 않는 것이다. 그분은 우리를 위해 간구하시는데, 천국에서 하셔야만 하는 어떤 행위를 통해서가 아니라 그분의 존재 자체로 그렇게 하신다. 그분 자신이 우리 구원의 살아 있는 징표이자 보증이시다. 하나님 앞에 나아가는 그분의 권리가 당신이 하나님 앞에 나아가는 권리다. 그분의 자리가 당신의 자리다. 예수님이 하늘에 계시는 한 우리 자리는 거기에 보장되어 있다. 예수님이 아버지의 승인을 받으시는 한, 우리는 아버지의 승인을 받는다. 예수님이 살아 계시는 한, 우리 생명은 보장된다. 그리고 예수님은 영원히 사신다!

베드로와 요한이 유대인 지도자들 앞에 끌려가 걷지 못하는 자를 고쳐 줬다는 "범죄"에 관해 소명을 요구받자 베드로는 말했다.

> 너희가 십자가에 못 박고 하나님이 죽은 자 가운데서 살리신 나사렛 예수 그리스도의 이름으로 이 사람이 건강하게 되어 너희 앞에 섰느니라 …… 다른 이로써는 구원을 받을 수 없나니 천하 사람 중에 구원을 받을 만한 다른 이름을 우리에게 주신 일이 없음이라 하였더라(행 4:10, 12).

예수님의 "이름"은 그분의 성품과 행위를 대변한다. 아마도 그분의 사역은 십자가에서 완성되었을지 모른다. 하지만 그 함의는 여전히 살아 있다. 그리고 하나님이 치유하시고 구원하시는 근거가 된다. 하나님은 예수님의 이름으로 세상에서 활동하신다. 그리고 하나님은 예수님의 이름으로 당신의 삶에서도 활동하신다. 하나님은 그리스도의 죽음을 통해 당신의 죄를 용서하신다. 모든 실패 속에서도 우리는 예수님을 통해 임하는 은혜를 누릴 수 있다.

어거스터스 토플래디의 찬양 〈오직 자비에 빚진 자〉의 마지막 구절은 이렇다. "더욱 복되도다. 하지만 더욱 안전하지는 않다, 하늘에서 영화롭게 된 영혼들이여." "영화롭게 된 영혼들"이란 이미 죽어서 지금 하나님의 임재 가운데 있는 그리스도인들이다. 그들은 "더욱 복되도다." 왜냐하면 그들에게는 이 땅의 고난이 끝났기 때문이다. 그리고 그들은 완전히 안전하다. 그들이 하나님의 임재에 있기에 어떤 위협이나 유혹에서도 멀리 떨어져 있기 때문이다. 이 땅에 있는 그리스도인도 천국에 있는 자들과 **같이 안전하다. 예수님**이 우리 대신 하늘에 계시기 때문이다. 예수님이 천국에서 쫓겨나신다면 우리의 천국 자리도 위험에 빠질 것이다. 하지만 그럴 일은 절대로 없다!

잠시 멈춰서 이 말이 당신에게 무슨 의미인지 생각해 보라. 모든 실패, 모든 죄, 모든 어두운 생각이 우리 미래를 의심으로 던져 넣는 것처럼 보인다. 내가 정말로 하나님에게 받아들여졌는가? 내가 정말로 용서받을 수 있는가? 내가 여전히 천국을 내 집으로 부를 수 있는가? 믿음의 눈을 들어 당신 대신 하나님의 임재 가운데 계신 예수님을 바라보라.

우리는 하나님에게 순종하며 사는 데 실패했기 때문에 영원한 형벌을 받아 마땅하다. 그 무게감을 느껴 보라. 심판의 무한한 어둠을 살펴보라. 그리고 눈을 들어 그리스도를 바라보라. 당신의 그리스도, 당신의 희생 제물. 빛과 사랑과 기쁨이 거기에 있을 것이다. 우리는 이렇게 그리스도를 누린다. 우리는 우리 실패를 그분에게 가져가고 그분의 은혜를 받는다.

죄책감 내려놓기

그러면 우리는 어떻게 반응해야 하는가? 우리는 하늘에 계신 우리의 그분, 예수님과 어떻게 관계해야 하는가?

우리는 그분이 하신 일을 해야 한다. 즉 우리 역시 아무것도 하지 않도록 바빠야 한다! 물론 우리가 그리스도인으로서 해야만 하는 일은 많다. 우리가 이미 살펴봤듯이 예수님은 일하고 계시며, 자신이 대신 피 흘림으로 살리려 한 자들에게 구원의 메시지가 계속 전파되게 하신다. 그리고 우리는 그 일에 동참한다.

하지만 우리의 구원을 획득하거나 아버지의 인정을 얻는다거나 다른 사람에게 감동 주는 일에 관해서는 아무것도 하지 않으려고 바빠야 한다. 할 일이 없기 때문이다. 내 죄와 내 실패를 바로잡기 위해 무엇을 해야만 하는가? 아무것도 없다. 그 일은 이미 끝났다.

하지만 우리가 **아무것도 하지 않기 위해 바빠야** 하는 것은, 우리는 매우 쉽게 무언가를 하려고 노력하기 때문이다. 우리는 적극적으로 우리 자신을 입증하려고 노력하는 자신을 멈춰 세워야 한다. 우리는 행위를 통해서 하나님의 인정을 얻으려고 노력하는 일을 그만해야 한다. 당신이 하나님에게 감동을 드리기 위해, 또는 다른 사람에게 감동을 주기 위해 무언가를 하고 있다면 멈추라. 쉬라. 긴장을 풀라. 하나님의 은혜를 누리라. 그리스도가 이미 마무리하신 일 가운데 쉬라. 그분이 "다 이루었다" 외치신 소리를 들으라.

다시 존 오웬의 도움을 구하자.[24] 오웬은 그리스도인에게 "그들의 죄를 그리스도의 십자가에서 그분의 어깨에 두라"고 권고한다. 그는 이것을 믿음의 "위대하고 담대한 모험"이라고 말한다. 누군가가 당신에게 투자처를 알려 준다고 상상해 보라. "모든 것을 제게 거세요. 그러면 엄청난 수익을 돌려 드리겠습니다." 예수님도 우리에게 이와 같은 모험을 제시하신다. 다만 돈과는 전혀 관련 없다. 우리가 그리스도 안에서 우리 몫을 챙기기 위해 제공할 수 있는 건 전혀 없다. 하지만 우리는 자신을 "하나님의 은혜, 하나님의 신실하심, 하나님의 진리"에 걸도록 초대받는다. 때로는 매우 위험한 일처럼 느껴진다. 그리고 우리 죄가 너무 거대해 보일 수 있다. 한 사람의 죽음이 정말로 그 과업을 감당할 수 있는가? 이 세상의 즐거움은 매혹적이다. 예수님이 약속하신 미래는 그만한 가치가 있는 것인가? 그렇다. 예수님은 언제나 안전한 투자처가 되신다. 그래서 오웬은 우리에게 십자가 옆에 서서 이렇게 말하라고 한다.

> 아! 예수님이 내 죄 때문에 맞으시고, 내 죄악 때문에 상처받으셨으며, 내 평화를 위해 그분에게 징벌이 임했다. 그분은 나 때문에 이렇게 죄가 되셨다. 여기 내 죄를 담당하실 수 있는 그분에게 내 죄를 드리리. 그분은 내게 손을 펴라고, 손아귀에서 죄를 놓으라고, 자신이 내 죄를 다루게 해달라고 요청하신다. 그리고 나는 이에 마음 깊이 동의한다.[25]

당신은 이것이 처음으로 그리스도인이 된 사람에게 일어나는 일이라고 생각할 것이다. 물론 그것도 맞다. 하지만 오웬은 이렇게 덧붙인다. "이것은 **날마다 일어나는 일이다.** 그리고 나는 이것 없이 하나님과 어떻게 평화가 유지될 수 있는지 전혀 모른다."[26] 우리는 매일 하나님과 무언가를 바로잡아 보기 위해 노력하는 일을 멈춰야 한다. 우리는 우리 죄를 예수님에게 내보내고, 예수님에게 건네야 한다. 우리는 아무것도 하지 않기 위해 바빠야 한다.

당신의 죄를 생각해 보라. 당신이 오늘 저지른 죄들 말이다. 당신이 매일 저지르는 것처럼 느껴지는 그런 죄들 말이다. 그러고 나서 그것들을 예수님에게 하나씩 건넨다고 상상하라. 손을 펴라. 손아귀를 풀라. 오웬과 같이 말하라. "여기 내 죄를 담당하실 수 있는 그분에게 내 죄를 드리리." 당신의 마음에서 무거운 짐이 들어 올려짐을 느끼라. 당신의 어깨가 가벼워지는 것을 느끼라. 예수님이 당신의 짐을 대신하여 십자가에서 짊어지셨다.

> 내 죄, 오, 이 영광스러운 생각의 지복이여!
> 내 죄, 일부가 아닌 그 전부가,
> 십자가에 못 박혔네, 나는 더 이상 그 짐을 지지 않네,
> 주님을 찬양하라, 주님을 찬양하라, 오 나의 영혼아![27]

이것이 예수님과 관계를 누린다는 말의 의미다.

또는 이렇게 생각해 보라. 예수님은 매일 복음의 메시지로 우리에게 말씀하신다. "나는 너와 거래하겠다. 내가 너의 실패와 죄와 죄

책감과 쓰라림과 저주와 분노와 죽음을 지겠다. 그리고 그 대신 기쁨과 사랑과 생명과 의로움과 화평을 주겠다." 오웬은 이를 "복된 물물 교환"[28]이라고 불렀다. 우리가 할 일은 그 거래를 기꺼이 받아들여, 우리 죄를 넘기고 그리스도의 사랑을 받는 것이다.

오웬은 묻는다. "뭐라고? 우리가 날마다 우리의 추잡한 것들과 죄책감과 죄를 가지고 그분에게 나아가야 한다고?" 이것이 정말로 예수님이 원하시는 바인가? 우리의 엉망진창인 모습을 그분에게 날마다 드리는 것이 맞는가? 오웬은 이렇게 답한다. "예수님에게는 성도가 이렇게 자신과 주고받으며 항상 교제하는 것보다 큰 기쁨이 없다."[29]

예수를 바라보자

우리는 "예수를 바라보자"라는 히브리서 12장 2절의 권고로 이 장을 시작했다. 예수님은 하나님의 형상이시고, 하나님의 말씀이시며, 하나님의 영광이시다. 예수님을 보는 것이 아버지를 보는 것이다. 예수님은 아버지의 영광을 반영하신다. 하나님이 비추시는 영광의 빛은 아들의 형상 또는 아들이 보인 모범에서 완벽하게 반영된다. 아버지는 아들에게서 자신의 완벽함이 온전히 반영됨을 보신다. 그리고 이런 식으로 아들은 아버지의 영광을 공유한다. 영원부터 하나님의 완전하심이 성부로부터 성자에게 쏟아져 나왔고 성령을 통해 성부에게 돌아간다. 그래서 우리의 주된 반응은 그리스도를 **바라보고** 그리스도를 **예배하는** 것이다. 우리는 "예수 그리스도의 얼굴에 있는 하나님의 영광을 아는 빛"(고후 4:6)을 보기 때문이다. 우리는 그분의 완전한 성품을 기뻐한다. 우리는 그분이 다 이루신 일을 즐긴다. 우리는 그분이 이미 그분의 삶과 십자가와 부활로 이루신 것을 의지한다.

> 그러므로 우리에게 큰 대제사장이 계시니 승천하신 이 곧 하나님의 아들 예수시라 우리가 믿는 도리를 굳게 잡을지어다 …… 그러므로 우리는 긍휼하심을 받고 때를 따라 돕는 은혜를 얻기 위하여 은혜의 보좌 앞에 담대히 나아갈 것이니라(히 4:14, 16).

그리스도는 지금 우리와 어떻게 관계하시는가? 그분은 우리 대신 하늘에 앉아 계신다. 그분은 하늘에서 우리가 하나님과 함께할 자리의 보증이시다. 십자가에서 그분이 하신 일은 완전하다. 하지만 지금도 계속해서 말한다. 그것은 죗값이 온전히 지불되었음을 보여 주는 영원한 징표로 아버지에게 말한다. 그리고 우리가 의심으로 둘러싸여 있을 때 우리에게 위로의 메시지를 말한다.

우리는 우리 대신 하늘에 계신 예수님을 바라봄으로 반응한다. 우리는 우리 죄책감을 제거하려는, 우리 정체성을 스스로 확립하거나 자신을 입증하려는 모든 시도를 포기한다. 그 대신 그분이 다 이루신 사역에 의지한다. 우리는 믿음으로 예수님을 따르며 자신 있게 하나님 보좌 앞에 나아간다.

그리고 우리는 사랑으로 반응한다. 우리가 아버지 곁에 앉아계신 예수님을 볼 때, 우리는 친구를 위해 생명을 내려놓은 친구를 본다(요 15:12, 13). 우리는 신부를 위해 자신을 포기한 남편을 본다(엡 5:25). 우리는 양을 위해 자기 생명을 내려놓은 선한 목자를 본다(요 10:11).

사랑은 조작할 수 없다. 당신이 의지적으로 또는 명령에 대한 반응으로 누군가를 사랑할 수는 없다. 정말로 그렇게 할 수 없다. 하지만 당신은 예수님을 바라볼 수는 있다. 당신이 십자가에서 그분이 행하신 일을 돌아볼 수는 있다. 당신을 위해 하늘에 계시는 그분의 임재를 올려다볼 수 있다. 당신은 그분이 자기 백성을 위해 다시 오실 그날을 기대할 수 있다. "우리가 사랑함은 그가 먼저 우리를 사랑하셨음이라"(요일 4:19).

그리고 예수님을 사랑하는 것보다 경건하거나 하나님을 닮는 것은 없다. 영원 가운데 성부가 베푸시는 사랑의 유일한 대상은 영원한 성자이시고, 성자는 성령을 통해 사랑을 받으신다. 그리고 역사에서 성부가 베푸시는 사랑의 주된 대상은 인간이 되신 성자다. 그래서 우리가 성자를 사랑할 때, 성부를 함께 사랑하는 것이다.[30]

실천으로 옮기기

오웬의 "복된 물물 교환"을 깊이 파고들라. 어제 혹은 지난주를 돌이켜 보라. 당신이 해야 했는데 하지 않고 내버려 둔 모든 일을 머릿속으로 나열하라. 그리고 당신이 하지 말아야 했는데 했던 일들도 나열해 보라. 생각으로 지은 죄, 말과 행위로 지은 죄를 생각해 보라. 그리고 그것들을 예수님에게 넘겨드리라. 그것들을 빈 십자가에 못 박는 모습을 상상하라. 십자가 옆에 서서 말하라. "예수님이 내 죄 때문에 상처받으셨다." 그리고 그분이 주시는 사랑과 생명과 의로움과 평화를 받으라.

실천 사항

이번 주에는 날마다 시간을 내서 당신이 다른 사람에게 감동을 주기 위해 했던 일을 확인하라. 그리고 다음 말씀을 기억하라. "다 이루었다."

마이크와 엠마의 월요일 아침

마이크는 눈을 감고 상상의 세계에서 이 붐비는 객차와 멀리 떨어진 어느 곳으로 향하고 있었다. 푸른 열대 바다로 막 뛰어들려는 순간 누군가가 그의 셔츠에 커피를 쏟았다. 욕이 나왔다. 그리고 마이크는 즉시 얼굴이 화끈거렸다. 따뜻한 커피가 배 부근으로 퍼져나갔기 때문만은 아니었다. 마이크는 당황했다. "죄송합니다. 정말로 죄송해요. 기차가 지연되다 보니 저도 모르게 욕이 나왔네요. 제가 원래 이런 성격은 아닙니다." 남은 커피를 들고 있던 젊은 여자 역시 당황했다. "아니요, 아니요, 제 실수예요." 그 여자는 사람들 사이를 비집고 지나가더니 이내 사라졌다.

그는 욕을 했다. 그것도 크게 말이다. "어디서 욕이 나온 거지?" 그는 자문했다. 그리고 즉시 답을 알았다. '교만하고 이기적인 내 마음에서다.' 그는 어제 설교를 생각했다. '내 안에는 가치 있는 것이 전혀 없다.' 그는 생각했다. '하지만 그리스도께 훨씬 큰 가치가 있다.' 그는 하나님 옆에 앉아 계신 그리스도를 생각했다. "그리스도께서 모든 것을 처리하셨어." 그는 말했다. 그것도 크게 말이다. 몇몇 사람이 당황하며 지나갔다. 마이크는 헛기침을 했다. 그리고 스스로 웃었다. 그리스도께서 나 대신 하늘에 계신다.

> **?** 생각할 질문
>
> • 5장은 모든 기도를 "나의 아버지" 또는 "우리 아버지"로 시작해 보라고

도전했다. 어떠했는가? 그렇지 않을 때와 어떤 차이가 있었는가?

- 그리스도인의 삶에서 어렵다고 느낀 점은 무엇인가? 예수님은 어떤 방식으로 그분이 당신에게 요구하신 바를 이미 행하셨는가?

- 당신이 하나님에게 인정받기 위해, 또는 다른 사람에게 좋은 인상을 주기 위해 했던 모든 일을 나열하라. 그리고 그것들 위에 선을 그어 다 지우고 "다 이루었다!"라고 쓰라.

- 하나님의 인정을 받아야만 한다고 생각하면 우리는 어떻게 살아가게 될 것인가? 우리가 그리스도 안에서 하나님의 인정받았음을 확신하면 어떻게 살아가게 될 것인가?

- 당신은 언제 매우 바쁜가? 당신을 바쁘게 몰아붙이는 두려움은 무엇인가? 하늘에 앉으신 또는 하늘에서 다스리시는 그리스도께서 당신의 허둥지둥하는 마음을 어떻게 가라앉히시는가?

7장

모든 고통에서 우리는
성자의 임재를 즐길 수 있다

In every pain we can enjoy the Son's presence

몇 년 전 우리 교회는 그리스도를 섬기도록 아시아로 한 사람을 파송하였다. 그를 톰이라고 하자. 그런데 당신이 나에게 와서 이렇게 말한다고 치자. "톰은 어떤 사람이죠?" 나는 이렇게 말할 것이다. "톰은 훌륭하죠. 그리스도께 강력하게 헌신한 사람이고. 부지런하고, 잘 훈련받았고, 희생적이에요. 사람들과도 잘 지내죠. 좋은 사람이에요." 당신은 거기다 대고 이렇게 말할지 모른다. "잠시만요. 톰은 여기 없어요. 중앙아시아에 있죠. 당신은 2년이나 그 사람을 보지 못했는데 어떻게 알 수 있죠?" 그러면 나는 이렇게 답할 것이다. "물론 저는 톰을 압니다. 톰과 시간을 함께 보냈어요. 우리는 같이 식사했고, 어울려 다녔죠. 우리는 함께 섬기기도 했고요. 그가 일하는 모습도 봤고, 말하는 것도 들었어요. 저는 톰이 어떤지 알아요. 왜냐하면 여기 살았을 때 어떤 모습이었는지를 알기 때문이죠."

예수님도 마찬가지다. 우리는 어떻게 예수님이 지금 어떠하신지 알 수 있는가? 어쨌든 그분은 지구에 더 이상 계시지 않으니까 말이다. 우리는 그분을 보거나 만질 수 없고, 그분이 말씀하시는 것을 들을 수도 없다. 그렇다면 우리는 어떻게 그분을 신뢰할 수 있는가? 답은 이렇다. 우리가 지금 예수님이 어떠하신지 알 수 있는 이유는 그분이 여기 지구에서 사셨을 때 어떠하셨는지를 알기 때문이다.

물론 사람은 변한다. 아마 톰은 과거의 톰이 아닐지 모른다. 하지만 예수님이라면 **언제나** 그렇다. 그분의 성품은 절대로 변하지 않는다. 성경은 말한다. "예수 그리스도는 어제나 오늘이나 영원토록 동일하시니라"(히 13:8). 예수님이라면 지난 행적은 현재 우리를 향하신 그분의 태도를 있는 그대로 보여 주는, 완전히 신뢰할 수 있는 지표가 된다.

따라서 우리는 복음서 이야기를 읽으면서 예수님이 어떤 분이었는지를 발견할 뿐만 아니라 지금 그분이 어떤 분인지도 발견한다. 우리는 그분이 자기 백성과 **그때** 어떻게 관계 맺으셨는지를 발견할 뿐만 아니라 **지금** 그분이 자기 백성과 어떻게 관계 맺으시는지도 발견한다.

이 장에서는 당신이 마음에 이러한 생각을 품고 복음서를 읽어 가기를 권한다. 그리고 자신에게 계속 물어보라. "이 이야기, 이 말씀, 이 기적이 예수님에 대해, 그리고 예수님이 나와 같은 사람들과

관계 맺으시는 방법에 대해 내게 무엇을 보여 주는가?" 빨리 그 맛을
보러 가자.

상실을 느끼는 자들에게 예수님이 말씀하신다.
"울지 말라"(눅 7:11-17)

예수님이 하늘에 앉아서 당신의 삶을 내려다보시는 모습이 당신이
텔레비전을 보는 모습과 비슷하다고 생각하는가? 예수님은 지겨워
하실까? 리모컨이 어디 있나, 채널을 바꿔야겠다고 생각하실까? 아
니면 자기 모든 백성의 삶이 보이는 수많은 화면 앞에서, 실제로는
그 누구에게도 관심이 없다는 듯이 쳐다보는 경비원 같다고 생각할
지도 모르겠다. 또는 예수님이 자기 모든 백성의 삶이 보이는 수많
은 화면을 보시다가 심드렁하게 당신 화면도 가끔 쳐다보시는 분으
로 상상할지도 모르겠다. 누가복음 7장의 기록은 당신이 이와 관련
해서 깊이 생각하는 데 도움될 것이다.

나인성에서 예수님은 장례 행렬을 보신다. 어느 과부의 외아들
이 죽은 것이다. 여인은 깊은 상실감에 빠졌다. 그리고 그 여인의 삶
도 위태로워졌다. 남성만이 돈을 벌어 올 수 있는 문화에서 그 여인
은 이미 남편을 잃었고, 이제는 아들도 잃었다. 누가복음 7장 13절
은 말한다. "주께서 과부를 보시고 불쌍히 여기사 울지 말라 하시
고." 이 구절을 잠시 생각해 보라. "불쌍히 여기고." 누가는 단순히

이렇게 옮길 수도 있었다. "예수님은 그 여인을 돕기로 하시고." 하지만 그렇게 하는 대신 예수님의 연민을 강조했다.

나인성에서 그 과부를 보신 예수님이 지금 당신의 고통을 보시는 그 예수님이다. 그때 예수님의 마음이 과부를 향했듯이 지금은 당신을 향한다. 그리고 예수님은 자신의 말씀으로, 그리고 자신의 영으로 당신에게 이야기하신다. "울지 말라."

꾸짖는 말씀이 아니다. 우는 게 잘못됐다는 말이 아니다. 또 다른 기록을 보면 예수님 자신이 직접 사별한 여인과 함께 우셨다고 한다(요 11:35). 이것은 꾸짖는 말씀이 아니라 위로의 말씀이다. "울지 말라. 희망이 있다."

이야기는 이렇게 마무리된다. "죽었던 자가 일어나 앉고 말도 하거늘 예수께서 그를 어머니에게 주시니"(눅 7:15). 예수님은 그를 죽은 자 가운데서 일으키신다. 하지만 그렇다고 이 이야기가 그저 다시 살아난 사람에 관한 내용은 아니다. 오히려 어머니에게 아들을 회복시키신 내용이며, 상실과 회복의 이야기다. "예수께서 그를 어머니에게 주시니." 모든 것이 잘됐다. 아마도 오늘은 아닐지 모르고, 내일도 아닐지 모른다. 하지만 회복의 날은 반드시 온다.

예수님은 저 위 천국에서 당신의 삶에 별 관심 없이 계신 분이 아니다. 그분은 우리를 버리지 않으셨다. 그분은 2,000년 전과 같은 분이다. 예수님이 이 과부를 보신 그 순간을 상상하라. 그분의 얼굴 기색을 상상해 보라. 예수님이 당신의 고통을 보실 때의 모습이 바로 그러하다. 그분은 말씀하신다. "울지 말라."

수치심을 느끼는 자에게 예수님이 말씀하신다.

"평안히 가라"(눅 7:36-50, 8:42-48)

누가는 두 여인의 이야기를 전한다. 첫 번째 여인은 예수님의 발에 기름을 붓기 위해 불청객으로 잔치에 참여한다. 두 번째 여인은 예수님을 만지기 위해 군중을 뚫고 간다. 예수님은 두 여인에게 완전히 똑같은 말씀을 하신다(당신이 사용하는 성경 번역에 따라 그렇지 않을 수도 있다). "네 믿음이 너를 구원하였으니 평안히 가라"(눅 7:50, 8:48).

첫 번째 여인은 공적으로 저지른 죄를 용서받았다. 그 여인의 행실은 악명 높았다. "그 동네에 죄를 지은 한 여자"(눅 7:37)로 묘사되었다. 그래서 그 여인의 행동이 그렇게나 놀라운 것이다. 그 여인은 예수님의 발을 닦기 위해 공공의 비난에 자신을 노출시켰다. 그 여인은 자신을 완전히 드러낸 것이다. 조롱받고, 욕을 먹고, 심지어 폭행을 당하며 자칫하면 거기에서 내쫓길 수도 있음을 충분히 알고 있었다. 그 여인은 수치스러운 삶을 살았고 이제 더 큰 수치를 당하게 될 위험에 자신을 내어놓았다. 혼란한 상태로 찾아온 그 여인에게 예수님이 말씀하셨다. "평안히 가라." 수치심 가운데 찾아온 그 여인에게 예수님이 말씀하셨다. "네 죄 사함을 받았느니라"(48절).

두 번째 여인은 비밀에 감춘 병을 고침받았다. 그건 평범한 질병이 아니었다. 모세 율법을 보면 생리하는 여성은 부정했다(레 15:19-31). 이 법은 죄를 묘사하기 위해 고안된 것이었다. 당신이 그를 만지면 당신도 부정해진다. 게다가 이 여인에게는 일종의 출혈이 있었는데, 그 말인즉슨 마치 영구적으로 생리하듯이 **계속해서** 피를 흘린다는 뜻이다. 그래서 **언제든지** 그 여인을 만지는 사람은 부정해지는 것이다. 감사하게도 부정함을 규정하는 이 율법은 더 이상 적용되지 않는다. 하지만 당신이 그렇게 살아가고 있다고 상상해 보라. 그 수치심을 상상해 보라.

그래서 예수님이 누가 자신을 만졌는지 알아야겠다고 말씀하실 때 여인이 그렇게 두려워한 것이다. 그 여인은 예수님의 옷자락을 만짐으로써 예수님을 부정하게 만들었다. 여인의 행동은 무례하고 주제넘는 일이었고, 심지어 공격적으로 보일 수도 있었다. 하지만 예수님은 기분 상해 하시는 대신 이렇게 말씀하신다. "딸아, 네 믿음이 너를 구원하였으니 평안히 가라." 여성에게서 예수님에게 부정함이 흘러갔지만, 예수님에게서 그 여인에게 정함이 흘러갔다.

당신의 마음에도 혼란이 있을지 모른다. 당신은 깊은 죄책감에 눌려 있을지 모른다. 그래서 당신은 아마도 잠만 자려고 할지 모른다. 아니면 자해하고 있을지도 모른다. 그 일이 계속해서 머릿속에 떠오르고 또 떠오를지 모른다. 작가 마크 트웨인(아서 코난 도일일 수도 있지만)은 친구 수십 명에게 다음과 같이 전보를 보냈다고 한다. "즉시 달아날 것. 모든 것이 발각됨." 그러자 그들은 모두 즉시 마을을 떠났다고 한다. 당신이 다음 메시지를 받았다고 상상해 보라. "즉시 달아날 것. 모든 것이 발각됨." 무슨 생각이 드는가? 당신은 섭식 장애로 힘들어하고 있을지 모른다. 음란물을 보고 있을지 모른다. 교회에서 아무도 모르는 범죄 이력을 지니고 있을지 모른다. 아니면 당신이 신발에 얼마나 많은 돈을 쓰는지, 또는 지난주 앉은자리에서 아이스크림 한 통을 다 먹어 치운 일일 수도 있다. 당신의 비밀은 무엇인가? 당신의 수치는 무엇인가? 당신은 예수님을 신뢰하는가? 예수님은 당신에게 말씀하신다. "네 죄 사함을 받았느니라 …… 평안히 가라."

불안함을 느끼는 자들에게 예수님이 말씀하신다. "두려워하지 말고"(눅 8:40-56)

당신을 두렵게 만드는 것이 무엇인지 잠시 생각해 보라. 당신에게 일어날 수 있는 최악의 일은 무엇인가? 당신의 악몽 시나리오는 무엇인가? 야이로의 두려움을 나누고 싶다. 야이로의 딸은 심하게 아팠다. 그래서 야이로는 예수님에게 늦지 않게 집에 와 주십사 부탁한다. 내 두려움의 많은 부분은 딸들에게 집중되어 있다. 나는 아빠가 되기 전까지는 높은 곳을 전혀 무서워하지 않았다. 하지만 자녀를 갖자마자 아이들이 길에서 떨어지는 상상을 하기 시작했다. 나는 자녀들 때문에 훨씬 약해진 느낌이 든다.

　예수님은 야이로의 딸을 향해 가는 길에 아픈 여인 때문에 지체하신다. 예수님이 여인과 말씀하실 때 발을 동동 구르는 야이로의 모습을 상상할 수 있다. 그의 딸은 죽어 가고 있다. 예수님이 그의 마지막이자 유일한 희망이다. 그가 엄청나게 두려워한 일은 예수님이 거기에 시간에 맞춰 도착하지 못하시는 것이었다. 그리고 역시나 때는 너무 늦어 버렸다. 야이로의 악몽 시나리오가 이뤄졌다. "아직 말씀하실 때에 회당장의 집에서 사람이 와서 말하되 당신의 딸이 죽었나이다 선생님을 더 괴롭게 하지 마소서 하거늘 예수께서 들으시고 이르시되 두려워하지 말고 믿기만 하라 그리하면 딸이 구원을 얻으리라 하시고"(49, 50절). "두려워하지 말고." 이제 야이로에게 두려움은 남아 있지 않다고 보는 편이 더 일리가 있다. 이제 무엇을 두려워하겠는가? 최악의 사건은 이미 발생했는데 말이다. 하지만 예수님은 말씀하신다. "두려워하지 말고 믿기만 하라."

예수님은 야이로의 집에 가서서 말씀하신다. "죽은 것이 아니라 잔다"(52절). 예수님은 당신과 내가 잠든 사람을 깨우듯이 죽은 사람을 쉽게 일으키실 수 있다. 나는 많은 이의 악몽 시나리오는 죽음이라고 생각한다. 당면한 두려움을 다 치워 보면, 결국 우리가 두려워하는 대상은 죽음이다. 높은 곳이든 어두운 곳이든 그 뒤에 도사리고 있는 두려움은 모두 죽음이다.

하지만 예수님과 함께라면 죽음은 더 이상 두려워할 대상이 아니다. 죽음은 끝이 아니다. 예수님은 죽음 후에 생명을 주신다. 그것도 영원한 생명이다. 나쁜 일들은 여전히 일어난다. 때로는 정말 나쁜 일도 일어난다. 하지만 우리는 두려워할 필요가 없다. 예수님은 오늘 우리의 두려움 가운데 이렇게 말씀하시기 때문이다. "두려워하지 말고 믿기만 하라."

누가는 이 이야기들이 예수님이 자신의 죽음과 부활로 창조하실 새로운 세상의 전조처럼 보이게 구성한다. 8장 48절에서 예수님은 말씀하신다. "딸아 네 믿음이 너를 낫게 하였다"(현대인의성경). 이 단어는 실제로 "구원하다"이다. 8장 50절에서 예수님은 문자 그대로 이렇게 말씀하신 것이다. "두려워하지 말고 믿기만 하라 그리하면 딸이 **구원을** 얻으리라." 누가는 의사다. 그는 사람이 호전되는 현상을 기술하는 단어를 수도 없이 알고 있다. 하지만 그는 "구원"이라는 단어를 사용했다. 그는 우리가 이 이야기에서 예수님이 주시는 구원의 실상을 보기 원한 것이다. "모든 눈물을 그 눈에서 닦아 주시니 다시는 사망이 없고 애통하는 것이나 곡하는 것이나 아픈 것이 다시 있지 아니하리니 처음 것들이 다 지나[갈]"(계 21:4) 그날이 온다. 그때까지 예수님은 당신에게 말씀하신다. "울지 말라. 평안히 가라. 두려워 말라."

예수님은 동정하신다

하늘에서 통치하는 그분이 바로 인간이 되신 그분이다. 예수님은 이 땅에 오셔서 인간의 몸을 입으셨기에 우리를 동정하신다. 그리고 예수님은 하늘로 돌아가서도 인간의 몸을 유지하시기에 우리를 동정하신다. 하늘에 계신 예수님은 인간의 몸을 하고 계신다.

그러므로 우리에게 큰 대제사장이 계시니 승천하신 이 곧 하나님의 아들 예수시라 우리가 믿는 도리를 굳게 잡을지어다 우리에게 있는 대제사장은 우리의 연약함을 동정하지 못하실 이가 아니요 모든 일에 우리와 똑같이 시험을 받으신 이로되 죄는 없으시니라 (히 4:14, 15).

동정하시는 예수님에 관한 이 언급은 히브리서 5장에서 확장된 다. 구약에서 대제사장은 사람들 사이에서 선별되었기 때문에 "무 식하고 미혹된 자를 능히 용납할 수 있는 것은 자기도 연약에 휩싸 여 있음이라"(히 5:2)고 한다. 우리의 대제사장 되신 예수님도 마찬가 지시다.

그는 육체에 계실 때에 자기를 죽음에서 능히 구원하실 이에게 심한 통곡과 눈물로 간구와 소원을 올렸고 그의 경건하심으로 말 미암아 들으심을 얻었느니라 그가 아들이시면서도 받으신 고난 으로 순종함을 배워서 온전하게 되셨은즉 자기에게 순종하는 모 든 자에게 영원한 구원의 근원이 되시고(히 5:7-9).

다른 말로 하면 예수님은 우리의 연약함을 동정하실 수 있는 제 사장으로 완전히 준비되시기 위하여 우리처럼 인간이 되시고, 약해 지시고, 고난받으셔야만 했다는 뜻이다. 예수님은 어떻게 우리와 관 계하시는가? 예수님은 우리의 약함 가운데 우리를 동정하시고, 우 리가 유혹받을 때도 우리를 동정하신다.

17세기 청교도 토마스 굿윈은 히브리서 4장 15절을 해석하면서 이렇게 말한다. 그리스도는 천국의 기쁨을 향해 올라가셨지만, "예수님은 마음에 여전히 무장되지 않은 부드러운 부분을 유지하고 계신다. 바로 당신과 함께 고난받기 위해서 말이다."[31] 다른 말로 하면, 그리스도는 우리의 고통을 느낄 수 있도록 인간의 본성을 유지함으로써 자신을 약한 상태로 두기로 선택하셨다는 뜻이다. 이 글을 쓰는 순간 창밖에 보이는 세상은 눈으로 덮여 있다. 오늘 아침 나는 내리는 눈 사이로 걸었는데, 추위를 막기 위해 모자를 쓰고 스카프를 두르고 장갑까지 꼈다. 내가 겨울을 온전히 느끼고 싶어서 한 손은 노출했다고 상상해 보라. 하나님은 하나님으로서는 고난받지 못하신다. 하지만 하나님은 그리스도 안에서 자신의 인간성을 유지하시기 때문에 여전히 고난을 포함한 인간의 온전한 감각을 경험하신다.

굿윈은 말한다. "하나님은 사랑이시다. 그리고 그리스도는 육체로 포장된 사랑이시다. 그렇다. 우리의 육체 말이다."[32] 그리스도는 이 땅의 삶을 경험하심으로 "자비의 새 길을" 가능하게 하셨다. 왜냐하면 그렇게 함으로써 하나님도 우리가 느끼는 바를 느낄 수 있으셨기 때문이다.[33] 하나님의 자비는 그리스도 안에서 인간의 자비가 되었고, 우리가 힘들어하는 일들에도 자연스럽게 동질감을 품으신다.

굿윈은 실험을 하나 제안한다. 당신이 그리스도인이 되면서 어떻게 달라졌는지 생각해 보라. 당신은 당신의 영적인 생명에 대해 새롭게 관심을 품게 되었고, 다른 이에 관해서도 새롭게 연민을 품게 되었다. 그것이 바로 성령이 당신 마음에 행하신 일이다. 이제 굿원은 묻는다. 성령이 예수님에게 그보다 덜 영향을 끼치셨을까? 그렇지 않다. "여기 당신 마음에 거하시는 그 동일한 영이 하늘에 계신 그리스도의 마음에도 거하신다." 그리고 "그 성령은 그분 안에서, 당신이 자신을 향해 품는 것보다 무한히 거대한 자비의 감정을 일으키신다."[34] 성령이 당신에게 일으킨 연민은 그리스도의 영이 일으키는 연민의 반향이다.

당신은 그리스도께서 이제 천국에서 영화롭게 되셨으니 우리를 덜 동정하지 않으실까 궁금할 수 있다. 굿윈은 정반대라고 주장한다. 그분의 지식과 능력이 그분의 영화로 커진 것은 사실이다. 하지만 그분은 커진 지식으로 오히려 자기 백성의 모든 고난을 보시고, 그분의 커진 힘 때문에 그분의 동정심은 피로함으로 인해 제약되지 않는다. "그분이 인간으로서 지닌 사랑과 연민의 감정은 견고함과 능력과 실재성 면에서 더 커졌다."[35]

인간 존재는 "동정심의 감퇴"로 괴로워하는 성향이 있다. 고난에 관한 이야기를 많이 접할수록 그 충격은 줄어든다. 우리는 그 감정에 점차 무감해진다. 어쩌면 내가 모든 상황에 공감하기 위해 애쓴다면 고통의 무게 때문에 오히려 무너져 내릴 것이다. 하지만 예수님의 마음은 그분의 영광과 능력으로 **커졌다**. 예수님은 감정의 압박에 잘 대처하실 수 있다. 그분은 공감을 제한할 필요 없이 모든 자기 백성의 고난을 느끼신다.

그러면 우리가 죄지을 때는 어떠한가? 그리스도께서 우리를 혐오스럽게 바라보시며 그 눈길을 돌리실 것인가? 전혀 그렇지 않다.

굿윈은 말한다. "당신이 지은 바로 그 죄 때문에 그분은 분노가 아닌 동정심을 품으신다. 그리스도는 당신 편이다."[36] 부모는 자녀가 아플 때 극심한 연민을 느낀다. 나는 한 아버지가 자기 딸의 몸을 파괴하는 암을 향해 극렬하게 본능적인 혐오를 표출하던 모습을 기억한다. 그리스도는 우리 삶의 죄를 향해 이렇게 느끼신다. 우리가 보는 비참함이 클수록 우리는 더 많은 연민을 느낀다. 굿윈은 "그 모든 비참 가운데 가장 큰 비참은 죄"라고 말한다. 그래서 그리스도는 우리가 죄지을 때도 우리에게 엄청난 동정심을 품으신다. "당신은 당신이 죄를 저지름으로써 그리스도의 마음에 어떠한 타격을 입히는지 알지 못한다."[37]

굿윈의 말로 그 의미를 정리해 보자.

> 우리는 그리스도가 이 땅에 계실 때 표출하신 그 사랑이, 아버지의 명령에 순종하여 죄인을 위해 죽게 만든 그 사랑이, 하늘에 계신 지금 그분의 마음속에 여전히 지속된다는 사실을 확신할 수 있다. 그리고 그 사랑은 이 땅에서만큼, 심지어 그분이 십자가에 달리셨을 때만큼 신속하고 부드럽다.[38]

군인이 얼굴에 뱉은 침, 살을 파고드는 채찍질, 손목에 박힌 못, 아버지의 미소를 가린 어두컴컴한 하늘……. 예수님은 당신을 향한 사랑 때문에 이 모든 것을 받아들이셨다. 그분은 천사 군단을 불러 자신을 십자가에서 구출하도록 명령하실 수도 있었지만, 그분의 사랑이 그렇게 하는 것을 막았다. 오늘 그분이 당신을 향해 느끼시는 사랑이 바로 그 사랑이다. 당신이 이 글자를 읽는 지금 이 순간에도 그분의 사랑, 당신을 향한 그분의 사랑은 어제나 오늘이나 영원히 동일하다.

실천으로 옮기기

우리는 어떻게 그리스도를 경험할 수 있는가? 우리는 예수님이 여전히 인간의 몸을 입고 계시며, 이 땅의 삶이 어떠한지를 여전히 기억하고 계심을 알아야 한다. 예수님은 당신이 어떠한지 아신다. 유일한 차이는 이제 그분이 자기 모든 백성을 동정하실 능력을 갖추셨다는 점이다.

그리스도의 동정심 자체가 당신이 처한 상황을 바꾸는 것은 아니다. 하지만 당신이 홀로 맞서야만 한다는 뜻도 아니다. 당신이 힘겨울 때 예수님이 당신을 위해 거기 계신다. 심지어 당신이 유혹으로 힘겨울 때도 말이다. 그분은 맘에 들지 않는다는 시선으로 당신을 바라보며 당신이 망가질 때까지 기다리며 방관하지 않으신다. 그분은 당신을 불쌍히 여기며 바라보신다. 그분은 당신이 어떠한지 아신다. 그분은 이해하신다. 그분은 당신을 위해 계신다.

청교도인 윌리엄 브릿지는 이렇게 썼다.

> 당신이 바른 방식과 바른 태도로 그리스도를 생각하고 있는지 분명히 하라. 그분은 당신의 형편에 맞게, 복음이 제시하는 대로 행하시기 때문이다. …… 특히 성경은 그리스도의 인격을 제시할

때, 가여운 죄인들에게 매우 호의적인 분으로 그린다.

- 당신은 사탄, 세상 또는 자신의 양심에 고소를 당하는가? 그분은 당신의 변호인이라고 한다.
- 당신은 무지한가? 그분은 선지자라고 한다.
- 당신은 죄책감을 느끼는가? 그분은 대제사장이라고 한다.
- 당신은 내부와 외부의 많은 적에게 고통을 당하는가? 그분은 왕, 그것도 왕의 왕이라고 한다.
- 당신은 곤경에 빠져 있는가? 그분은 당신의 길이라고 한다.
- 당신은 굶주리고 목이 마른가? 그분은 생명의 떡이요, 물이라고 한다.
- 당신은 끝내 정죄받고 사라질까 두려운가? 그분은 우리의 둘째 아담으로 우리의 대표자시다. 우리는 그분의 죽음 가운데 죽고 그분은 하나님이 우리에게 요구하시는 모든 것을 만족시키신다.

실제로 유혹과 고통이 존재하는 것이 아니라 거기에 맞는 약속만 있을 뿐이다. 마찬가지로 선행 조건이 존재하는 것이 아니라 거기에 부합하는 그리스도의 이름이나 직함 내지 속성이 있을 뿐이다.[39]

당신이 직면한 도전 또는 부족하다고 느끼는 점이 무엇인지 생각해 보라. 그리고 거기에 부합하는 그리스도의 이름이나 직함 내지 속성을 확인하라. 또는 당신과 비슷한 곤경에 처한 사람을 향해 예수님이 어떠한 태도를 보이셨는지 잘 드러나는 복음서 이야기를 찾아보라.

실천 사항

이번 주에는 힘들 때마다 (실망하신 예수님이 아니라) 당신을 동정하며 바라보는 예수님을 생각하라.

마이크와 엠마의 월요일 아침

다시 집으로 돌아와 보자. 엠마는 아이들을 데리고 문밖을 향하고 있었다. 하나, 둘, 셋. 엠마는 로지를 생각했다. 로지는 넷째였다. 엠마는 매일 넷째 로지를 생각한다. 로지는 심장 기형으로 태어나 석 달 만에 죽었다. 여기에는 함께 없지만, 항상 함께 있다. 2년이 지났지만, 엠마는 여전히 상실감을 느끼고 있었다. 그리고 여전히 아프다. 여기 문간에 서면 더 아프다. 사람들이 말했다. "시간이 치유해 줄 거야." 사람들이 그저 긍정적인 말을 해주려고 애쓴다는 사실을 알고 있다. 하지만 그녀는 "긍정적"이고 싶지 않았다. 때로는 그냥 울고 싶었다.

엠마는 나사로가 죽었을 때 마리아와 함께 우신 예수님을 생각했다. '그분은 마리아에게 교훈을 주려고 하지 않으셨어. 그저 함께 우셨지. 예수님은 그 감정이 어떠한지 아셨어. 나사로는 그분의 친구였으니까.' 엠마는 자신과 함께 울어 준 친구를 생각했다. 위로가 되었다. 하지만 사람들은 그 이야기를 더 이상 하지 않는다. 아무도 엠마가 여전히 느끼는 고통을 정말로 알지 못한다. '아무도 알지 못한다고?' 엠마의 생각은 예수님에게로 향한다. 자기도 모르게 예수님이 과거에 속한 분인 것처럼 말하고 있었다. 엠마는 예수님이 천국에서 자기 집을 내려다보고 계신다고 생각했다. 예수님은 이 깨진 마음을 아실까? 그렇다. 분명히 그분은 그러하시다. 그분은 마리아에게 하셨듯이 엠마도 동정하시는가? 예수님은 말씀하셨다. "나는 언제까지나 너희와 분명히 함께할 것이다." 엠마는 자신에게 말한다. "나는 혼자가 아니야. 그 누구도 알 수 없는 슬픔 가운데서조차도 말이야."

❓ **생각할 질문**

• 6장은 당신이 다른 사람에게 감동을 주고 "다 이루었다!"라고 말할 수 있는 것이 무엇인지 구별하라는 도전으로 끝났다. 어떻게 했는가?

• 예수님이 하늘에서 당신을 바라보고 계심을 상상하라. 그분의 얼굴에 어떤 기색이 나타나리라 생각하는가?

• 복음서의 세 가지 이야기를 떠올리라. 자신에게 물으라. "이 이야기, 이 말씀, 이 기적이 예수님에 대해, 예수님이 나와 같은 사람과 맺는 관계에 대해 전하고자 하는 것은 무엇인가?"

- 당신은 상실감, 두려움, 수치심을 느끼는가? 예수님이 "울지 말라, 평안히 가라, 두려워 말라"고 하시는 말씀을 들었다면 당신은 어떻게 달라지겠는가?

- 그리스도의 성품 또는 사역 중 어떤 점이 특히 당신이 현재 품은 염려에 부합하는가?

8장

모든 식사에서 우리는
성자의 만지심을 즐길 수 있다
In every supper we can enjoy the Son's touch

여섯 살짜리 내 친구 타일러는 우리 교회를 "조쉬 교회"라고 한다. 조쉬는 주일 아침마다 교회를 열기 위해 타일러가 교회에 도착할 때 쯤 항상 있었기 때문이다. 타일러의 부모님이 말했다. "조쉬의 교회가 아니라 예수님의 교회란다." 이 말을 들은 타일러가 조금 놀란 듯이 보였다. 그리고 이렇게 말했다. "예수님의 교횐데 예수님은 왜 한 번도 안 나와요?"

나는 우리가 모두 느끼는 문제를 매력적으로 표현한 여섯 살판 질문이라고 생각한다. 예수님은 특히 그분의 부재로 두드러진다. 적어도 그분은 물리적으로 부재하다. 우리는 그리스도 안에서 즐거움을 발견하는 일에 관해 많이 말했다. 또 우리는 그리스도 안에서 즐거움을 발견함으로써 유혹을 극복하라고 서로에게 말한다. 하지만 내가 보고 듣고 만질 수 없는 대상을 어떻게 즐길 수 있는가?

또 다른 보혜사

예수님은 말씀하셨다. "나를 본 자는 아버지를 보았거늘"(요 14:9). 당신은 이렇게 생각할지 모른다. "첫 제자들은 참 좋았겠다. 그렇지만 나는 어떤가? 나는 예수님을 본 적이 없다. 그분이 사람들과 만나셨던 이야기는 매우 흥미롭고 매력적이다. 하지만 오래전 이야기일 뿐이다. 내가 어떻게 예수님과 만날 수 있는가?"

이 질문의 답은 또 다른 보혜사를 통해서다. 예수님은 제자들에게 말씀하셨다. "내가 아버지께 구하겠으니 그가 또 다른 보혜사를 너희에게 주사 영원토록 너희와 함께 있게 하리니 그는 진리의 영이라"(요 14:16, 17). "보혜사"라는 단어는 그리스어로 보면 의미가 굉장히 다양하다. 변호사, 힘을 주는 사람, 증인, 조력자 등을 뜻한다. 우리의 보혜사는 법률가로서 우리 편에서 우리 사건을 제시하시고, 목격자로서 예수님에 관한 진리를 증언한다. 또는 당신이 비판을 당할 때 당신 편에서 말해 주거나, 당신이 낙심했을 때 이야기를 건네는 친구로 생각할 수도 있다. 당신이 정말 안 좋은 날을 보냈다고 하자. 위로가 되는 차 한 잔이 간절하다. 그런데 당신은 우유를 바닥에 쏟고 말았다. 인내심에 한계가 온 것 같다. 그때 당신의 조력자가 이렇게 말한다. "너는 여기 앉아 있어. 내가 치우고 차 한 잔 내올 테니까. 그냥 기다리고 있어." 이분이 바로 예수님이 우리에게 보내신 성령이시다.

예수님이 그분을 "**또 다른** 보혜사"로 부르셨다는 점에 주목하라. 예수님이 **첫** 보혜사셨는데, 예수님이 하늘로 오르시면서 성령이 그 자리를 대신하신 것이다. 따라서 성령이 어떠한 보혜사가 되시는지를 알아보는 가장 좋은 방법은 예수님이 어떠한 보혜사였는지를 생각하는 것이다.

한번은 종교 지도자들이 제자들에게 이의를 제기한다. "왜 너희는 우리처럼 금식하지 않는가?"(막 2:18-22 참조) 당신이 그 순간 예수님의 제자였다고 상상해 보라. 당신은 어부다. 당신은 신학을 잘 모른다. 어쩌면 실제로 금식에 대해서 생각해 본 적이 전혀 없을지도 모른다. 그런데 전문가들이 답변을 요구한다. 어떤 말을 해야 할지 전혀 감이 잡히지 않는다. 게다가 이들은 유력한 사람들이다. 당신은 큰 문제에 봉착할 수도 있다. 당신이라면 어떻게 하겠는가? 내 생각에 당신은 주변을 둘러보며 예수님이 어디 계신지 찾아볼 것이다. 그리고 그분이 보이면 즉시 안도감을 느낄 것이다. 그분은 무슨 말을 해야 할지 아시기 때문이다. 그분이 당신의 보혜사가 되신다.

또 한번은 제자들이 배에 올랐는데 폭풍이 몰아친다(막 4:35-41 참조). 물결이 갑판에 부딪힌다. 실제로 익사할 지경이 되었다. 당신이 제자 중 한 명이라고 상상해 보라. 어떻게 할 것인가? 어부들조차도 공포에 질렸다. 다른 제자들을 쳐다봐야 별 도움이 되지 않는다. 그때 당신은 본능적으로 예수님을 바라본다. 그런데 이 상황에서 그분은 주무시고 계신다. 그리고 당연히 당신은 그분을 깨운다. 그분은 무엇을 할지 아신다. 그분이 그렇게 당신의 조력자가 되신다.

이제는 성령이 우리의 보혜사이자 조력자로 오셨다. 그렇기에 당신이 갈팡질팡하고 공황 상태가 되었을 때에도 이렇게 자신에게 말할 수 있다. "괜찮아. 성령이 나와 함께 계셔." 우리는 서로에게도 이렇게 말할 수 있다. "괜찮아. 성령이 우리를 강하게 하셔." 누군가 당신에게 믿음에 관한 어려운 질문을 던졌을 때 당신은 자신에게 이렇게 말할 수 있다. "괜찮아. 성령이 나와 함께하셔. 내가 말할 때 그분이 증언하실 거야. 나는 죄를 깨닫게 할 필요도, 설득할 필요도 없어. 그건 성령이 하시는 일이야."

몇 주 전 나는 목회에 관해 한 가지 문제를 생각하고 있었다. 나는 자신에게 말했다. "이 문제가 최악인 점은 하나님이 관여하지 않으시기 때문에 내가 혼자 이 문제를 해결해야 한다는 사실이야." 나는 자기 연민으로 가득했다. 나는 말 그대로 내 어깨 너머에 계신 보혜사를 보지 못했다. 나는 제자들처럼 주위를 둘러보며 예수님이 어디 계신지 찾지 않았다. 나는 그저 문제만 보고 있었다. 그리고 나는 스스로 그 문제를 해결해야 한다고 느꼈다. 하지만 나는 혼자가 아니었다. 내 보혜사가 나와 함께 계셨기 때문이다. 문제로 얽힌 사람들과 만나야 하는 시간이 가까이 왔을 때 나는 이미 문제가 해결되어 있음을 보게 되었다. 나는 아무것도 하지 않았다. 내 보혜사가 모든 걸 하셨다.

8장 · 모든 식사에서 우리는 성자의 만지심을 즐길 수 있다

예수님의 임재

하지만 성령은 예수님을 대신하는 것 이상이시다. 예수님의 말씀을 자세히 보자.

> 내가 너희를 고아와 같이 버려두지 아니하고 **너희에게로 오리라** 조금 있으면 세상은 다시 나를 보지 못할 것이로되 너희는 나를 보리니 이는 내가 살아 있고 너희도 살아 있겠음이라 그날에는 내가 아버지 안에, 너희가 내 안에, **내가 너희 안에 있는 것을** 너희가 알리라 나의 계명을 지키는 자라야 나를 사랑하는 자니 나를 사랑하는 자는 내 아버지께 사랑을 받을 것이요 **나도 그를 사랑하여 그에게 나를 나타내리라**(요 14:18-21).

예수님은 아버지가 성령을 보내시리라고 말씀하신다(16, 17절). 하지만 그분은 또한 말씀하신다. "**내가** 너희에게 오리라." 예수님은 성령이 "너희와 함께 살고 너희 **안에** 있으리라"고 하신다. 하지만 동시에 이렇게 말씀하신다. "**내가** 너희 안에 있다." 그분은 말씀하신다. "나를 사랑하는 자는 내 아버지께 사랑을 받을 것이요 나도 그를 사랑하여 **그에게 나를 나타내리라**."

> 내가 너희에게 오리라(14:18).
> 내가 너희 안에 있는 것(14:19).

그에게 나를 나타내리라(14:21).

예수님이 하신 말씀을 알겠는가? 성령의 오심은 예수님의 오심이다.

예수님은 정말로 떠나셨다. 그분은 물리적으로 계시지 않는다. 요한복음 14장 19절은 분명히 말한다. "조금 있으면 세상은 다시 나를 보지 못할 것이로되." 오늘 당신은 육신을 입으신 예수님을 만날 수 없다. 당신은 그분과 악수할 수 없다. 하지만 당신은 그분과 만날 수 있다. 당신은 그분을 만나고, 그분을 듣고, 그분을 알고, 그분을 즐길 수 있다. 예수님은 성령을 통해 자기 백성에게 오신다. 그분은 말 그대로 "성령으로 우리와 함께하신다."

다시 강조하면, 우리는 하나님이 한 존재임을 기억해야 한다. 성령은 그리스도의 영이시다. 그분은 우리에게 그리스도가 현존하도록 만드신다. 어떤 의미에서는 우리가 이미 살펴본 것처럼 성령은 "또 다른" 보혜사이시기 때문에 두 분의 보혜사가 계신다고 말할 수 있다. 하지만 또 다른 의미에서는 오직 한 분의 보혜사만 계신 것이다. 예수님은 성령을 통해 현존하시기 때문이다. 예수님이 흥미를 잃으셔서 그 일을 떠넘기신 것이 아니다. 예수님 자신이 성령을 통해 우리를 강하게 하는 분과 조력자가 되신 것이다.

두 가지 심상이 도움될 것이다. 첫째, 대사를 생각해 보라. 대사는 군주를 대신해서 말한다. 그들은 군주가 부재할 때에도 군주를 대변한다. 대사가 공식 자격으로 말할 때, 그것은 군주의 목소리와 마찬가지다. 이처럼 성령은 그리스도를 대신해서 말씀하시고 행동하시는 대사다. 그리고 성령은 그리스도의 마음을 온전히 아시기 때문에 그분의 말씀과 행동은 우리를 향한 그리스도의 의도를 완벽하게 대변한다. 우리는 다시 셋이자 하나의 원칙으로 돌아간다. 하나님은 한 분이기에 성령과의 만남은 예수님과의 실제적 만남이 된다.

둘째, 전화 통화를 생각해 보라. 우리는 전화기를 통해 말해도 멀리 있는 친구의 말을 그대로 들을 수 있다. 다른 사람이 아니다. 친구의 목소리를 직접 듣는 것이기에, 친구가 바로 옆에서 말하는 것과 마찬가지다. 이처럼 성령은 우리를 그리스도와 연결하는 기술이다. 그분은 섬유 광학 케이블 또는 무선 연결과 같다. 그래서 우리는 예수님의 음성을 들을 수 있다. 다른 사람의 목소리가 아니다. 예수님 자신의 소리를 듣는 것이다. 그리고 그분이 물리적으로 부재함에도 그분의 말씀은 직접적이다.

나는 2년 전 스코틀랜드 국경에 있는 체비엇 언덕에서 캠핑한 적이 있다. 그런데 어느 순간 길에서 8킬로미터나 이탈해 있었다. 사소한 계산 오류로(내가 47세가 아닌 17세로 생각한 것과 관련 있다), 위험한 상태가 되었다. 쇼크 상태에 빠졌고 오한 증세가 나타났다. 약간의 도움만 있으면 괜찮아질 수 있었을 것이었다. 힘을 주는 조력자가 필요했다. 하지만 거의 12-13킬로미터를 지나는 동안 전화 신호를 수신할 수 없었다. 나는 완전히 범위 밖에 있었던 것이다. 결국 나는 텐트를 치고 침낭에서 몸을 덥힌 후 살아남아 지금 이 이야기를 할 수 있는 것이다. 인간적인 관점으로 말하면 나는 완전히 혼자였다.

예수님은 하늘로 오르셨다. 거기는 너무나 멀리 떨어진 곳이다. 우리는 다른 영역을 향해 말하고 있다. 하지만 **그분은 범위 밖에 계시지 않는다.** 그분은 성령으로 우리와 연결되어 계신다.

우리에게는 이 **두** 심상 모두가 필요하다. 왜냐하면 이 둘은 개별적으로는 성령이 우리에게 실제로 역사하시는 방식을 제대로 보여주지 못하기 때문이다. 대사의 심상은 그 인격적 본질을 포착하지만, 직접성을 포착하지는 못한다. 전화 통화는 직접성을 다루지만, 성령의 사역에 담긴 인격적 본질은 다루지 못한다. 성령은 어떤 "것"이 아닌 인격이시다. 동시에 우리는 정말로 그리스도의 음성을 듣는 것이지 대변인의 말을 듣는 것이 아니다.

식탁에서 예수님을 만나다

우리는 종종 서로에게 "그리스도로 충분합니다"라고 말한다. 그리고 그것은 사실이다. 하지만 어떻게 그리스도로 만족함을 실질적으로, 참으로 느끼는가? 아니면 그리스도로 만족함이란 그저 정신적인 활동일 뿐이고, 환상 아닌가?

우리가 성찬을 묘사할 때 사용하는 단어 중에 "교제"(communion)가 있다. 이는 성경에 근거한 용어다. 킹 제임스 성경 고린도전서 10장 16절에서 나온 단어다. "우리가 축복하는 이 축복의 잔은 그리스도의 피의 교제(communion)가 아니며, 우리가 떼는 이 빵은 그리스도의 몸의 교제가 아니냐?"(한글 KJV) 이 단어는 성찬이 그리스도와 교제 또는 참여의 행위임을 암시한다. 이것은 관계를 맺는 행위다.

식사가 그렇다. 저녁 식사에 초대한다는 뜻이 무엇인지 생각해보라. 그저 음식을 먹으라는 요청 이상이다. 친교의 초대다. 교제는 그리스도와 나누는 우정으로 초대하는 것이다. 그리스도의 임재를 즐기고 경험하라는 초대다.

그리스도는 친교에서 어떻게 현존하시는가? 어떻게 떡을 먹고 포도주를 마심이 그리스도와 교제하는 행위가 되는가? 그 답은 그리스도가 성령으로 현존하신다는 것이다. 그분은 물리적으로 현존하시지 않고 영적으로 현존하신다. 즉 성령으로 현존하신다. 우리는 그리스도와 함께 들림받는다. 성령은 우리 사이의 거리를 없애신다.

그래서 그리스도는 우리가 성찬에 참여할 때 정말로 현존하신다. 그분은 거기에서 우리에게 자신의 사랑, 보호하심, 헌신을 재확인하신다. 떡과 포도주는 그분이 영적으로 임재하심을 가리키는 물리적 징표다. 그리스도는 약속하신 대로 항상 성령으로 우리와 함께하지 않으시는가?(마 28:20 참조) 실제로 그렇다. 하지만 그리스도는 자비하셔서 우리가 얼마나 연약한 존재인지를 아시기에, 우리가 삶에서 얼마나 타격을 잘 입는지 아시기에, 우리에게 그분의 현존을 물리적으로 상징하는 빵과 포도주를 주신 것이다.

소파에 나란히 앉아서 텔레비전을 보고 있는 한 부부를 생각해보라. 남편이 아내의 손을 잡는다. 또는 사랑하는 사람이 누워 있는 병원 침대 가에 앉아 그 손을 잡아 준다고 상상해 보라. 왜 그렇게 하는가? 그 행위가 무엇을 더하는 게 있는가? 당신이 그들과 함께한다는 사실을, 그들과 함께 있음을, 그들을 사랑함을 알리기 위해 이러한 몸짓이 필요한가? 그렇지 않다. 하지만 도움은 된다. 그렇게 함으로써 당신을 만질 수 있고 느낄 수 있도록 실제로도 함께하고 있음을 드러낸다. 그들에게 당신의 사랑을 다시 확인해 주는 것이다. 예수님이 우리에게 떡과 포도주를 주실 때도 같은 일이 발생한다. 그분의 임재와 그분의 사랑이 실재하는 것이다.

세례는 결혼식과 같다. 공식적인 약조가 이뤄지고 부부는 헌신을 약속한다. 결혼식의 결과로 독신인 사람이 결혼한 사람이 된다. 지위가 바뀌는 것이다. 세례도 똑같다. 우리 지위가 바뀌어 그리스도 안에 있는 사람이 된다. 세례가 결혼식과 같다면 성찬은 입맞춤과 같다. 사랑의 확인이다. 그리스도께서 우리에게 가까이 오셔서 사랑을 확인해 주신 것이다. 그리스도께서 가까이 오셔서 우리와 입을 맞추신 것이다.

남편과 다퉜다거나, 혹은 어떤 일로든 남편을 낙담하게 만든 아내가 있다고 하자. 그 아내가 원하는 것은 무엇인가? 무엇보다 남편이 자신을 품에 안고 사랑한다고 말해 주기를 바랄 것이다. 그리고 아마도 몸을 맞대고 사랑을 다시 확인해 주는 말이 필요할 것이다. 말 없는 접촉 또는 접촉 없는 말은 피상적이고, 주저하는 것처럼 느낄 수 있다. 마치 남편이 아직은 애정을 주지 않으려 한다고 생각할 수 있다. 그렇기에 예수님은 우리에게 말과 접촉 모두를 주신다.

최근 성찬에 참여한 때를 생각해 보자. 우리 교회에서는 보통 구역에서 성찬을 나눈다. 아마도 식탁이나 의자에서 했을 것이다. 당신에게도 보통 성찬을 집례하는, 이와 상응하는 장소가 있을 것이다. 하지만 무엇보다 우리가 깨달아야 할 것이 있다. 우리가 함께 성찬을 나눌 때 땅과 하늘이 연결된다는 사실이다. 성찬은 성령을 통해 하늘로 열리는 입구가 된다. 성령은 우리를 그리스도와 연결하신다. 그분은 우리를 그리스도의 현존으로 이동시키신다.

당신은 믿음의 눈으로 상상하며 바라봐야만 한다. "상상"이라고 해서 실재하지도 않는데 "그런 척"하라는 의미가 아니다. 내 말은 믿음으로 나타나는 **영적** 현실을 보라는 뜻이다. 그러면 그 식탁은 그리스도의 식탁이 되고, 그리스도는 자신이 차린 식탁에서 우리를 환영하시고 우리와 함께 식사하실 것이다.

로마 가톨릭에서는 성찬에 사용하는 떡을 "성체"(the host)라고 한다. 그것이 그리스도의 육체적 임재를 "연다"(host)고 여기기 때문이다. 하지만 사실 주인(host)은 그리스도시다. 그분이 자기 식탁에서 같이 먹자고 우리를 초대한 분이다. 성찬 예식에서 섬기는 사람들은 식탁에서 떡을 받아 당신의 손에 옮기기 위해 예수님이 사용하시는 수단이다. 당신이 잔을 받거나 떡을 전달받았을 때 이렇게 생각해 보라. "예수님이 직접 이 떡을 내게 주신다. 그분은 이 식사 자리의 주인이시다. 이것은 그분이 주시는 선물이다. 이것은 사랑의 징표다. 이것은 그분의 입맞춤이다."

실천 사항

성찬에 참여할 때 떡과 포도주를 받으며 사랑의 징표로 예수님이 직접 손으로 전해 주신다고 상상하라.

마이크와 엠마의 월요일 아침

어제 마이크에게 하나님은 매우 생생했다. 하지만 오늘, 오늘은 달랐다. 오늘은 초만원 기차에, 땀에 절은 승객들에, 젖은 셔츠에, 게다가 자그마한 로지가 남긴, 어디에나 존재하는 공허함이 있다. 오늘 하나님은 …… 그분은 무엇인가? 하나님이 안 계신 것은 아니다. 마이크는 하나님이 모든 곳에 계시다는 사실을 의심하지 않는다. 하지만 그렇다고 하나님이 존재하는 것처럼 느껴지지도 않는다. 그가 만지거나 볼 수 있는 방식으로 말이다.

'하나님을 만질 수만 있다면.' 마이크는 생각한다. 그리고 어제 성찬식에서 떡과 포도주를 받았던 기억을 떠올린다. 만질 수 있는 무언가가 있었다. 거기에 그리스도의 약속이 현존하는 형태로 존재했다. 그것이야말로 그리스도께서 자신의 임재를 느낄 수 있도록 만드신 방식이다.

마이크는 아침에 아내에게 입맞춤한 일도 생각한다. 지난주에는 기차에 앉았을 때 이런 문자를 받았다. "오늘은 입맞춤이 없었어요. 아직 나를 사랑하나요?" 그는 웃으며 키스 이모티콘을 보냈다. "그거면 됐어." 아내가 답했다. 장난기 있는 대화였지만 그게 아내한테 중요하다는 사실을 알았다. 그날 아침 입맞춤은 부부의 사랑의 징표였다. 그는 떡을 다시 생각했다. 여기 그리스도의 사랑의 징표가 있다. 손으로 느껴지는 만지심이 있다.

- 7장에서는 당신이 힘겨워 할 때마다 예수님이 당신을 동정하며 바라보신다고 생각해 보도록 도전했다. 어떠했는가? 어떤 변화가 있었는가?

- 지난주를 돌이켜 보라. 당신은 언제 보혜사, 즉 당신을 강하게 하시는 분이자 증인이자 조력자의 필요를 느꼈는가?

- 예수님이 성령으로 당신과 함께하심을 어깨 너머로(믿음의 눈으로) 바라볼 때, 그렇지 않을 때와 어떠한 차이가 생겼는가?

- 당신은 성찬을 어떻게 바라보는가? 당신이 성찬에 어떻게 접근해야 더 큰 의미가 있겠는가?

- 사랑의 접촉, 즉 포옹이나 입맞춤 또는 손을 잡는 일이 당신에게 큰 의미가 됐던 순간을 생각해 보라. 성찬을 예수님이 당신을 사랑하셔서 만지시는 것이라고 생각한다면, 어떠한 변화가 있겠는가?

9장

모든 유혹에서 우리는
성령의 생명을 즐길 수 있다
In every temptation we can enjoy the Spirit's life

일곱 가지 이야기를 나누려고 한다.

이야기 하나

"태초에 하나님이 천지를 창조하시니라 땅이 혼돈하고 공허하며 흑암이 깊음 위에 있고 하나님의 영은 수면 위에 운행하시니라"(창 1:1, 2). 히브리어와 그리스어에서 "영", "호흡", "바람"은 모두 같은 단어다. 따라서 하나님의 호흡에서 나온 "하나님의 바람"이 물 위를 지나간 것이다.

"하나님이 이르시되 빛이 있으라 하시니 빛이 있었고"(창 1:3). 하나님이 말씀하셔서 세계가 존재하게 됐다. 시편 33편 기자는 말한다. "여호와의 말씀으로 하늘이 지음이 되었으며 그 만상을 그의 입기운으로 이루었도다"(시 33:6). 하나님의 말씀은 하나님의 호흡에서 나와 빛과 생명과 아름다움을 낳았다. 하나님은 구분하시고 질서를 부여하신다. 그분은 빛과 어둠을 구분하신다. 그분은 물을 구분하여 마른 땅을 창조하시고, 땅을 식물과 동물로 채우신다.

그런 후 하나님은 흙으로 인간의 형태를 빚으신다. 하지만 하나님이 "생기를 그 코에 불어넣으시니 사람이 생령이 되니라"(창 2:7)고 할 때까지 거기에는 생명이 없다. 마치 상점의 마네킹과 같다. 시편 104편 27-30절은 말한다. "이것들은 다 …… 바라나이다 …… 주께서 그들의 호흡을 거두신즉 그들은 죽어 먼지로 돌아가나이다 주의 영을 보내어 그들을 창조하사 지면을 새롭게 하시나이다." 성령은 모든 창조물에 생명을 주신다. 모든 것이 성령을 통해 생명을 소유한다.

이야기 둘

노아 시대에 도달할 때쯤이면, 인류는 이미 악에 깊이 젖어 있다. 그래서 하나님은 홍수의 형태로 죽음을 보내신다. 노아와 그의 가족은 방주에 타서 죽음으로 둘러싸인 끝없는 바다 위를 떠다니게 된다. 지상에서 삶은 더 이상 가망 없는 것처럼 보인다. 하지만 그때 하나님은 "바람을 땅 위에 불게 하시매 물이 줄어들었[다]"(창 8:1). 창조 이야기가 처음부터 다시 시작한다. 하나님의 영이 보낸 바람이 물과 땅을 다시 갈랐고 삶의 희망을 준다.

이야기 셋

이야기를 빨리 감아 보자. 하나님의 백성은 애굽인의 노예가 되어 있다. 하지만 하나님은 열 가지 재앙을 내리셨고 애굽인은 하나님의 백성을 풀어 준다. 하지만 바로는 마음을 바꿔 그들을 다시 잡으려고 군대를 보낸다. 하나님의 백성은 궁지에 몰렸다. 앞에는 바다가 있고, 뒤에는 애굽 군대가 있다. "모세가 바다 위로 손을 내밀매 여호와께서 큰 동풍이 밤새도록 바닷물을 물러가게 하시니 물이 갈라져 바다가 마른 땅이 된지라 이스라엘 자손이 바다 가운데를 육지로 걸어가고 물은 그들의 좌우에 벽이 되니"(출 14:21, 22). 다시 같은 이야기다. 하나님의 영이 보낸 바람이 물을 갈라 마른 땅을 창조하신다. 성령은 하나님의 백성을 생명과 자유로 인도하신다.

이야기 넷

하나님의 영이 에스겔 선지자를 골짜기 가운데로 데려다 놓는다. 에스겔이 거기에 서 보니 주변에는 마른 뼈가 산적하다. 해골, 등뼈, 갈비뼈, 쇄골, 어깨뼈, 골반, 대퇴골, 정강이뼈들이 늘어져 있다. 뼈는 영적으로 죽은 하나님의 백성을 말한다.

에스겔은 예언하라는 말씀을 받는다. "마른 뼈들아 여호와의 말씀을 들을지어다"(겔 37:4). 뼈들은 한데 모이더니 그 위에 살이 올랐고 또 그 위를 가죽이 덮었다. "그 속에 생기는 없더라"(겔 37:8). 뼈들은 마치 에덴에서 생명력 없이 뭉쳐 있던 진흙 덩어리와 같았다. 에스겔은 생명력 없는 여러 형태의 진흙 뭉치에 둘러싸여 있다. 마치 진시황제가 점토로 만든 병사들 같았다.

그래서 하나님은 에스겔에게 "생기를 향하여 대언"(겔 37:9)하라고 하신다. 에스겔은 생기 또는 하나님의 영을 불러야 했다. 나는 에스겔이 뺨을 스치고 지나가는 산들바람을 느꼈으리라 상상한다. 그리고 바람은 점차 강해지더니 골짜기를 관통해서 불어 가는 강력한 바람이 되었다. 그것이 바로 하나님의 바람이다. 하나님은 생명의 호흡을 불어넣으신다. "생기가 그들에게 들어가매 그들이 곧 살아나서 일어나 서는데 극히 큰 군대더라"(겔 37:10).

이야기 다섯

또 빠르게 감아서 1세기로 가 보자. 그리고 무덤으로 들어가 보자. 저기 어둠 속에 예수님의 사체가 보인다. 시편 104편은 말한다. "주께서 낯을 숨기신즉 그들이 떨고 주께서 그들의 호흡을 거두신즉 그들은 죽어 먼지로 돌아가나이다"(시 104:29). 거기 당신 앞에 흙으로 돌아가는 예수님의 시신이 있다. 생명력 없이 썩어 가는 시체 말이다.

그런데 성령, 즉 하나님의 바람이 무덤을 지나가며 예수님의 육체에 생명을 불어넣는다(롬 1:4, 8:11 참조). 심장이 다시 뛰기 시작한다. 폐는 숨을 들이마신다. 눈이 뜨인다. 갈보리 언덕에서 침묵했던 그 말씀이 다시 말씀하신다.

이야기 여섯

그날 이후 예수님은 제자들에게 나타나셨다. 그리고 말씀하셨다. "아버지께서 나를 보내신 것같이 나도 너희를 보내노라." 그리고 예수님은 그들을 향해 숨을 내쉬며 이르신다. "성령을 받으라"(요 20:21, 22). 하나님의 아들이 두려워하고 무기력한 채 있는 제자들의 마음에 숨, 즉 하나님의 성령을 불어넣으신다. 이는 7주 후에 제자들이 모인 곳으로 불어올 강력한 바람이 일으킬 사건의 표상이다(행 2장). 그것은 바람이자, 호흡이자, 하나님의 영이다. 불의 혀가 그들의 머리 위에 나타나자 그들은 여러 나라의 언어로 하나님을 찬양한다. 그들은 예수님을 주님이며 구원자로 선포할 담력으로 충만해진다.

며칠 후, 높은 사람들이 그들에게 복음 전파를 그만하라고 말하자 그들은 모여서 기도한다. "종들로 하여금 담대히 하나님의 말씀을 전하게 하여 주시오며"(행 4:29). 하나님의 바람이 다시 그곳에 불어왔다. 성경은 이렇게 기록한다. "무리가 다 성령이 충만하여 담대히 하나님의 말씀을 전하니라"(행 4:31).

이야기 일곱

40년 전 나는 죽어 있었다. 물론 당시 나를 봐도 내가 죽어 있었다는 사실을 알 수는 없었을 것이다. 나는 생기 넘치는 젊은이였기 때문이다. 하지만 영적으로는 죽어 있었다. 더 설득력 있는 논변, 마음을 움직이는 모임이 필요한 것도 아니었다. 나는 그저 죽어 있었다. 나는 부활, 즉 재탄생이 필요했다.

그러던 어느 저녁 엄마와 예수님에 관해 이야기하고 있었다. 나는 예수님을 따르고 싶었다. 그래서 어머니는 아버지를 부르셨고 우리는 함께 기도했다. 그렇다고 그 방이 흔들리지는 않았다. 강력한 바람도 없었다. 하지만 성령, 즉 하나님의 호흡이 내 마음에 새로운 생명을 불어넣었다. 나는 다시 태어났다. 나는 부활했다.

당신이 그리스도인이라면, 당신에게도 비슷한 이야깃거리가 있을 것이다. 그 세부 내용은 매우 다를 수 있지만 말이다. 하지만 당신의 회심 중심에는 성령의 행위가 있었다. 성령이 당신의 죽은 마음에 생명을 불어넣으신 것이다. 그분은 보지 못하는 당신의 눈을 뜨게 하시고 그리스도의 영광을 보게 하셨다. 그분은 당신에게 믿음의 선물을 주셨다.

우리 기대를 높이다

그렇다면 당신은 하나님의 영에게 무엇을 기대하는가?

여기에는 두 가지 위험이 있다. 첫째로 **너무 많이** 기대하는 사람이 있다. 그들은 지금 이생의 삶에서 하늘의 영광을 기대한다. 그들은 건강과 부유함과 재미를 기대한다. 종종 사람들은 나에게 말한다. "하나님이 이것을 제게 주기 원하신다고 말씀하셨어요." 하지만 그건 자신의 이기적인 욕망을 투사한 것에 불과하다. 그들은 십자가, 희생, 고난 없는 영광을 원한다. 하지만 바울은 새로 생겨나는 교회에 말한다. "우리가 하나님의 나라에 들어가려면 많은 환난을 겪어야 할 것이라"(행 14:22). 예수님은 말씀하셨다. "누구든지 나를 따라오려거든 자기를 부인하고 자기 십자가를 지고 나를 따를 것이니라"(막 8:34). 앞으로 임할 삶에 속한 것을 지금 기대하는 일이 한 가지 위험이다.

그리고 두 번째 위험이 있는데, 나는 많은 이가 여기에 더 가깝다고 생각한다. 바로 **너무 적게** 기대하는 것이다. 우리는 우리가 믿는 기독교에서 초자연적인 요소들을 덜어 내려고 애쓴다. 하지만 기독교는 그저 신조 모음집이 아니다. 오히려 살아 계신 하나님과 나누는 역동적인 관계다. 영, 호흡, 하나님의 바람은 여전히 하나님의 백성에게 불어온다. 건물을 흔들거나 강력한 바람이 불어오는 현상을 수반하지 않더라도 성령은 여전히 우리에게 오셔서 생명과 힘과 용기를 주신다.

하나님에게 조금만 기대하는 일의 유일한 유익은 당신에게 기대되는 것도 조금이라는 것이다. "나는 저 일을 할 수 없어." "나는 친구를 초대할 수 없어." "우리는 새로운 교회를 개척할 수 없어." 목회자이자 저자인 프란시스 챈은 말한다.

> 나는 내 삶이 성령 없이 설명되기를 바라지 않는다. …… 나는 하나님이 내가(또는 그의 자녀 누구든) 세상의 가치관으로 설명되는 방식, 즉 내가 "어떻게든 해결"할 수 있는 방식으로 살아가기를 바라신다고 믿지 않는다.

우리가 한 번도 담대하고 용감한 기도를 드리지 않았다면 하나님이 어떻게 응답하실 수 있겠는가? 우리가 하나님이 필요한 자리까지 하나님을 절대로 따르지 않는다면 어떻게 하나님이 나타나셔서 자신의 임재를 드러내시겠는가?

> 당신이 어디에 살든, 당신의 하루가 어떠하든, 당신은 날마다 당신 자신을 의지하며 안전하게 살아가고 당신의 삶을 통제하기 위해 애쓰는 편을 선택할 수 있다. 아니면 당신은 당신이 창조된 대로 살 수도 있다. 즉 하나님의 거룩한 영이 거주하시는 전으로서,

그분을 의지하는 사람으로서, 성령이 나타나셔서 변화를 만들어
주시기를 간절히 바라는 존재로서 말이다.[40]

우리가 하나님의 영을 거의 경험하지 못하는 이유는 우리가 그분
을 전혀 필요로 하지 않기 때문일 수 있다. 우리 삶은 너무나 확실하
다. 우리 기도는 너무나 안전하다. 우리 기대치는 너무 낮다.

핵심은 우리 기대치가 "너무 크거나 너무 작지 않도록 균형을 잡
는 것"이 아니다. 핵심은 성령이 생명과 힘을 주시는 이유를 우리가
인식하는 것이다. 그분은 우리에게 그리스도를 선포할 힘과 생명을
주셔서 우리 자아가 죽게 하신다. 따라서 이러한 종류의 힘과 생명
을 너무 많이 소유하는 일이란 있을 수 없다.

새로운 소망과 새로운 능력

바울은 로마서 8장에서 생명을 주시는 성령의 사역을 강조한다. 성
령은 현재에는 **영적인** 생명을 주시고(5-8절) 미래에는 **물리적** 생명을
주신다(9-11절).

> 육신을 따르는 자는 육신의 일을, 영을 따르는 자는 영의 일을 생
> 각하나니 육신의 생각은 사망이요 영의 생각은 생명과 평안이니
> 라 육신의 생각은 하나님과 원수가 되나니 이는 하나님의 법에

굴복하지 아니할 뿐 아니라 할 수도 없음이라 육신에 있는 자들은 하나님을 기쁘시게 할 수 없느니라 만일 너희 속에 하나님의 영이 거하시면 너희가 육신에 있지 아니하고 영에 있나니 누구든지 그리스도의 영이 없으면 그리스도의 사람이 아니라 또 그리스도께서 너희 안에 계시면 몸은 죄로 말미암아 죽은 것이나 영은 의로 말미암아 살아 있는 것이니라 예수를 죽은 자 가운데서 살리신 이의 영이 너희 안에 거하시면 그리스도 예수를 죽은 자 가운데서 살리신 이가 너희 안에 거하시는 그의 영으로 말미암아 너희 죽을 몸도 살리시리라(롬 8:5-11).

10절은 "영은 의로 말미암아 살아 있는 것"이라고 말한다. 여기에 놀라운 사실이 있다. 즉 그리스도를 죽은 자 가운데서 살리신 바로 그 성령이 **너희 안에 거하[신다]**(11절)는 점이다. 예수님의 썩어 가는 육체에 생명을 불어넣으신 그 성령이 당신의 마음에 생명을 불어넣으시는 성령이 되신다는 점이다. 당신은 이미 당신 혈관에 흐르는 부활의 능력을 소유한 것이다.

마지막으로 성령의 능력을 경험한 적이 언제였느냐고 물으면 당신이 어떻게 대답할지 궁금하다. 아마도 당신은 이렇게 생각할 것이다. '내가 기적을 행했다거나 성령의 기름 부음을 받아서 말했다고 확신할 수 있는 적이 있는지 모르겠다.' 우리 맘대로 하도록 내버려 두면 우리는 교만해서 하나님에게 반항하며 자신을 위해 살아갈 것이다. 따라서 우리가 행하는 **모든** 선은 성령의 능력으로 된 것이다.

- 당신이 그리스도를 믿을 때, 당신은 성령의 생명을 즐기는 것이다.
- 당신이 기꺼이 하나님을 섬길 때, 당신은 성령의 생명을 즐기는 것이다.
- 당신이 그리스도를 위해 기쁘게 희생할 때, 당신은 성령의 생명을 즐기는 것이다.
- 당신이 그리스도인 형제자매에게 어떤 식으로든 애정이 있다면, 당신은 성령의 생명을 즐기는 것이다.
- 당신이 죄로부터 움츠러든다면, 당신은 성령의 생명을 즐기는 것이다.
- 당신이 거룩함에 대한 어떠한 소망이라도 품게 된다면, 당신은 성령의 생명을 즐기는 것이다.

당신은 성령을 통해 하나님에게 기쁨 드리는 무언가를 오늘 할 수 있다. 나는 당신이 이 사실을 믿는지 궁금하다. 아니면 나는 당신이 이렇게 생각하는 것은 아닌지 궁금하다. '내가 하려고 하는 선한 일조차도 죄에 더럽혀졌다. 나는 선한 일을 행하지만, 오히려 교만을 느낀다. 그렇지 않다면 죄책감 때문에 그 일을 하는 것이다.' 아니면 당신은 하나님이 당신을 바라보시며 이렇게 생각하신다고 상상할 수 있다. "어떻게든 의로워져 보겠다고 발버둥 치는 저 한심한 꼴을 보라지." "육신에 있는 자들은 하나님을 기쁘시게 할 수 없[다]"(롬 8:8)는 점은 사실이다. 하지만 당신이 그리스도인이라면, 당신은 육신의 영역에 있지 않다. 당신은 영의 영역에 있다. 따라서 당신은 하나님에게 기쁨을 드릴 수 있다.

당신이 하는 일은 완벽하지 않을 수 있다. 하지만 하나님은 아버지가 작은 자녀를 바라보듯 당신을 바라보신다. 우리 집에는 어린 자녀가 그려 준 그림들이 있다. 그냥 끄적거린 수준이라 부모가 아래에 설명을 달아 줘야 그림인지를 알 수 있는 정도다. 나는 그 예술가들이 누구인지 밝히지는 않겠지만 그것들은 모두 쓰레기다! 하지만 우리는 그것들을 여전히 집에 걸어 둔다. 우리는 부모이기 때문에 그것을 아름답다고 여긴다. 사랑 많은 아버지는 자녀들이 아무리 실패해도 자기 자녀들을 기뻐한다. 그리고 우리 하늘 아버지보다 사랑 많은 분은 없다.

하지만 이런 심상은 우리가 그리스도 안에서 누리는 현실의 절반만 담을 뿐이다. 우리는 집에 위대한 예술 작품들의 복제품을 많이 둔다. 위대한 작가들이 영감을 받아 창조한 걸작들 말이다. 그리스도인 역시 성령의 영감을 받는다. 그래서 이제 우리는 참으로 위대한 사랑의 작품들을 생산해 낼 수 있다.

당신이 강한 반대를 무릅쓰고 그리스도를 말할 때, 추운 밤 기도 모임에 참석할 때, 어려움에 처한 사람과 시간을 함께 보내기로 결심할 때, 그리스도를 위해 어떤 작은 희생이라도 했을 때, 당신 안에 계신 성령의 생명을 경험한다. 극적이지 않을 수 있다. 등뼈를 타고 내려가는 짜릿한 흥분도 없고, 마음에 따뜻한 빛이 생겨나는 것도 아닐 수 있다. 하지만 당신은 안다. 당신을 마음대로 내버려 두면 이

기적으로 굴 수밖에 없으며, 당신이 행하는 어떤 선도 실제로는 교만에서 나온 것임을 말이다. 하지만 하나님은 자신의 은혜로 당신을 내버려 두지 않으신다. 그분은 성령을 보내서서 새로운 생명과 새로운 소망을 주신다.

이 땅의 삶에서 그리스도인은 성령의 영감을 받아 생겨난 새로운 소망과 더불어 우리의 오래되고 여전한 이기적인 욕망을 경험한다(갈 5:16, 17 참조). 그래서 우리는 종종 힘겨운 투쟁의 형태로 성령의 생명을 경험한다. 우리는 반대 방향에서 우리를 잡아당기는 힘을 느낀다. 우리가 잘못된 일을 하도록 유혹을 받을 때면, 성령이 우리를 하나님에게 끌어당기신다. 또 우리가 바른 일을 하도록 성령의 인도를 받을 때면, 우리의 이기적인 옛 욕망이 우리를 죄로 끌어당긴다. 하지만 그러한 투쟁 자체가 성령의 일이시다.

2년 전 우리는 모기지를 다 납부했다. 예전에 우리 집은 은행 것이었지만 이제는 우리 것이 되었다. 그 모든 것은 그저 토지 등기소 사무실에 있는 누군가가 그날 컴퓨터에 있는 "리스 주택 금융 조합"이라는 글자를 지우고 "팀 체스터, 헬렌 체스터"라고 바꾸면서 일어났다. 다시 집으로 와 봐도 아무것도 바뀌지 않았다. 아마 당신이 그리스도인이 된다는 것을 생각하면 이러한 모습일 테다. 아마 당신은 천국 사무소 어디에서인가 무슨 일이 벌어졌다고 생각할 것이다. 이 명단에서 다른 명단으로 이동했을 뿐이다. 하지만 지상에 돌아와 보면 실제로 변한 것은 전혀 없다.

하지만 이보다 사실과 동떨어진 설명은 없다. 실제로는 전혀 그렇지 않다. 오히려 한 개발 업자가 집을 사서 한 사람의 개발 인력을 보낸 것과 같다. 그리스도는 당신을 자신의 피로 사셨고 이제 당신을 개조하기 위해 성령을 보내신다. 성령이 일하시는 조감도는 예수님 자신이다. 그리고 하나님이 일하셔서 우리가 "그 아들의 형상을 본받게"(롬 8:29) 하신다.

이 말은 "**당신이 반드시 죄를 짓기만 해야 하는 것은 아니다**"라는 뜻이다. 불가피한 것은 없다. 나는 당신이 도저히 어떻게 할 수 없을 정도로 무력함을 느끼는 죄가 있는지 궁금하다.[41] 아마도 그 유혹이 너무나 강해서 저항할 수 없다고 느낄 것이다. 아마도 그 유혹은 은밀하게 침투해서 당신을 접거해 버렸기 때문에 당신이 인식하기도 전에 나쁜 행동을 하는 것일 수도 있다. 당신은 여러 차례 노력했을 테지만 옴짝달싹하지 못하는 느낌일 것이다. 니케아 신경은 말한다. "우리는 성령, 곧 주님이고 생명의 수여자인 분을 믿습니다." 당신이 그리스도 안에 있다면, 성령은 이미 당신에게 생명을 주셨다. 하나님을 위해 살아갈 생명, 오랜 습관을 바꿀 수 있는 생명, 그리스도의 이름을 선포할 수 있는 생명 말이다. 당신은 새로운 열망, 새로운 생명, 새로운 능력을 소유했다.

당신이 할 수 없는데도 하나님이 당신에게 하라고 강요하시는 것은 없다. 당신을 패배시킨 죄에 반드시 또 패배해야 하는 것은 아니다. 당신을 사로잡았던 공포에 반드시 또 사로잡혀야 하는 것도 아니다. 당신이 무서워하는 사람을 반드시 또 무서워해야 하는 것도 아니다. 당신 안에는 하나님을 알고 그리스도를 따르도록 힘을 주시는 생명의 성령이 계신다.

따라서 죄와의 투쟁을 포기하지 말라. 다시 전투에 나서라. 바울은 로마서 8장에서 생명을 주시는 성령의 사역을 묘사하며 다음과 같이 이어 간다. "그러므로 형제들아 우리가 빚진 자로되 …… 영으로써 몸의 행실을 죽이면"(8:12, 13). 우리는 더 이상 옛 가족, 즉 죄의 통치 아래에 있는 아담 안의 인류에 충성하지 않는다. 이제 우리의 충성은 새로운 가족, 즉 성령의 인도를 받는 그리스도 안의 인류에게로 향한다. 그러니 죄와 싸우자. 죄를 죽이자.

당신이 "버럭" 화를 내고 싶고, 삐쳐서 분노하고 싶고, 자기 생각만 하고 싶고, 음란물을 피난처 삼고 싶고, 다른 사람에게 좋은 인상을 주려고 과장하고 싶은 유혹을 받을 때마다, 그리고 이보다 다양한 상황 가운데서도 당신은 성령과 교제를 누릴 수 있다. **당신은 모든 유혹 가운데서도 성령의 생명을 누릴 수 있다.** 당신은 의식적으로 성령을 의지하면서 싸움에 나설 수 있다. 당신은 죄악 된 열망이 끌어당기는 힘에 저항할 때 성령의 능력을 알 수 있다. 당신이 해야하는 일은 그저 죄에 "아니"라고 말하고 하나님에게 "예"라고 말하는 것이다.

　　나는 누군가가 성령의 사역을 "느끼지" 못한다면 최전방에 있지 않기 때문은 아닌가 생각한다. 죄에 맞선 전투의 최전방, 또는 선교를 위한 전투의 최전방에 있지 않은 것이다.

　당신 차가 시속 50킬로미터를 넘어가면 힘겨워하는 작은 고물차라고 치자. 그런데 누군가 당신에게 큼직한 터보차저 엔진이 달린 힘 좋은 차를 빌려 줬다. 몇 주 후 당신은 그를 만나서 "그런데 실제로는 큰 차이를 느끼지 못하겠어"라고 말한다. 차주는 어떻게 그럴 수 있느냐며 놀란다. 하지만 그는 당신이 시속 50킬로미터를 넘지 않은 속도로만 운전했다는 사실을 알아차렸다. 당신은 3초 만에 시속 110킬로미터까지 가속할 수 있는 차를 몰았지만, 액셀을 밟지 않았기 때문에 그 차이를 알 수 없었던 것이다. 우리 중 어떤 사람은 액셀을 한 번도 밟아 보지 않아서 성령의 능력을 "느끼지" 못한다. 삶을 너무 안전하게 지키는 통에 성령이 하시는 일을 느낄 계기가 없게 만들지 말라.

　우리는 어떻게 성령과 교제하면서 살 수 있는가? 그분을 의지하는 것이다. 그분이 일하시기를 기대하는 것이다. 당신 삶에서 일하시는 성령을 보기 원한다면 성령의 도움이 아니면 할 수 없다고 느끼는 일을 시도하라. 우리가 하나님을 위해 행하는 모든 일은 우리가 느끼든, 느끼지 못하든 성령의 도움으로 이루어진다. 하지만 당신이 성령의 도움을 느끼기 원한다면, 당신을 넘어선다고 느끼는 일을 시도하라. 당신이 절대로 안전지대를 벗어나려고 시도하지 않으면서 하나님이 당신의 삶에 극적인 일을 행하지 않으신다고 불평하지 말라.

실천 사항

이번 주에는 하나님을 위해 위험을 감수하라.

이웃을 교회에 초대하는 일, 직장에서 그리스도를 향한 당신의 충성을 선포하는 일, 믿지 않는 사람과 기도하는 일, 당신의 시간과 돈을 터무니없이 후하게 베푸는 일, 즉 당신이 성령의 도움을 의지한다는 느낌을 받게 하는 일이면 뭐든지 된다.

마이크와 엠마의 월요일 아침

엠마는 놀이터에서 다른 엄마들과 이야기를 나누고 있었다. 뽀삐가 옷을 끌어당겼다. "로잔느 얘기 들었어요? 제이멀 엄마 알죠? 글쎄 내가 들었는데 ……." 엠마는 듣지 않고 있었다. 듣고 싶기는 했다. 엠마의 아침을 조금 더 흥미롭게 해줄 약간의 뒷담화였다. 자신을 좀 더 우월하게 느끼게 해줄 그런 소문이었다. 엠마는 더 잘 듣고 싶은 마음에 끼어들고 싶었다.

"아니야." 엠마는 자신에게 말했다. "거기에 끼지마. 나쁜 생각이야." 엠마는 돌아섰다. 나쁜 생각이었을까? 조금 뒷담화를 한다고 해서 얼마나 해가 되겠는가? 일상의 무료함을 달래 줄 양념인데 말이다. 하지만 엠마는 하나님의 말씀을 생각했다. 그리고 자신을 향한 그리스도의 은혜를 생각했다. 다른 이에게도 그와 동일한 은혜를 보여 주고 싶었다. 그래서 어깨 너머로 소리쳤다. "미안해. 나 바빠서." 아무도 눈치 채지 못했다. 그들은 그저 최근 소문을 나누려고 모여 있었다.

엠마는 웃었다. 그녀는 유혹에 아니라고 말했다. 그녀는 몇 년 전을 생각했다. 다른 동네에서 엠마는 "뒷담화 여왕"으로 알려져 있었다. 하지만 더 이상은 아니다. 그리스도인이 된 이후부터는 말이다. 물론 여전히 거기에 함께하고 싶은 유혹이 있다. 하지만 무언가가 바뀌었다. 그렇다고 매일 인지하는 것은 아니다. 마치 뽀삐가 자라는 것처럼 말이다. 하지만 지난 몇 달을 돌아보면 성령이 마음에서 일하신 것이 보인다. 엠마는 생각했다. "하나님이 나를 바꾸고 계셔. 와우!"

❓ 생각할 질문

• 8장은 사랑의 징표로 예수님의 손에서 떡과 포도주를 받으라는 초대로 끝났다. 어떠했는가? 이 사실이 어떠한 변화를 만들었는가?

9장 · 모든 유혹에서 우리는 성령의 생명을 즐길 수 있다

- 이 장에서 다룬 성령의 일곱 가지 이야기에 덧붙이고 싶은 "이야기 여덟"이 있는가?

- 당신의 위험은 지금 하늘의 영광을 바라는 것인가, 아니면 성령께 너무 작은 것을 기대하는 것인가?

- 더 이상 죄를 열망하지 않고 하나님을 지금 기쁘게 해드릴 수 있는 방법을 생각하라. 그것은 모두 성령이 당신의 삶에서 행하신 강력한 역사다.

- 최근에 성령의 도우심이 필요하다고 느낀 순간이 있었는가? 당신이 삶에서 하나님을 의지하고 있음을 입증하는 증거는 무엇인가?

10장

모든 탄식에서 우리는
성령의 소망을 즐길 수 있다

In every groan we can enjoy the Spirit's hope

이제 50살이 되어 보니 신음 소리를 내지 않고
는 일어설 수가 없다. 그리고 조금이라도 힘을 쓰려면 반드시 숨을
내쉬어야 한다. "후우." 무슨 말인지 알 것이다.

40대에 들어섰을 때, 내 나이 절반 정도 되는 이들과 축구를 했
다. 아니, 아이들이라고 해야 하나? 나는 어느 때보다도 게임을 잘
읽을 수 있었다. 하지만 슬프게도 마음으로 볼 수 있는 플레이를 몸
으로 옮기기에는 속도와 근력과 에너지가 부족했다. 나는 20대 초
반인 그들도 앞으로는 지금보다 잘 뛸 수 없을 거라고 생각하며 스
스로를 위로했지만, 그 친구들은 내가 한창때 얼마나 잘했는지 아무
도 모른다. 아주 잘하지는 않았다 해도 그것조차 모른다! 우리 뒤에
경기장을 예약한 팀이 없으면 계속 그 경기장을 사용할 수 있다. 그

러면 보통은 모두 한 게임을 더 뛰고 싶어 한다. 하지만 나는 60분만 지나면 늙은 몸을 이끌고 집에 가 차 한 잔 마시고 따뜻한 물에 목욕할 생각으로 간절하다.

내 몸은 늙어 가고 있다. 그리고 나이가 들수록 많이 탄식한다. 하지만 내 신음은 꽤 사소하며, 자초한 일이라고 할 수 있다. 이에 비해 로라는 오래전부터 경화증으로 힘들어한다. 콜린은 암으로 죽어 가는 아내 때문에 탄식한다. 압둘은 내전으로 분열된 고국 때문에 탄식한다. 젬마는 유산된 아이 때문에 조용히 탄식한다. 어떻게 탄식 가운데 하나님과 교제를 즐길 수 있단 말인가?

"성령이 친히 우리의 영과 더불어 우리가 하나님의 자녀인 것을 증언"(롬 8:16)하시기에 아버지께 드리는 모든 기도는 강력한 기적이다. 하지만 5장에서 봤듯이 하나님 앞에서 담대함을 품게 된 기적이 너무나 강력하기에 보통 우리는 기도가 얼마나 큰 기적인지 거의 인지하지 못한다. 하나님의 영은 우리가 성자 하나님이 경험하신 아들 됨의 경험을 공유하도록 힘 주신다(14-16절). 이것이 은혜의 영광스러운 선물로서 우리에게 확신과 친밀함과 기쁨을 준다. 그렇다고 우리가 삶의 고난과 낙심에서 면제되는 것은 아니다. 바울은 로마서 8장 17절에서 말을 이어 간다. "자녀이면 또한 상속자 곧 하나님의 상속자요 그리스도와 함께한 상속자니 우리가 그와 함께 영광을 받기 위하여 고난도 함께 받아야 할 것이니라." 우리는 아들이 경험하신 영광을 공유한다. 하지만 그분이 경험하신 고난도 공유한다.

하지만 우리가 탄식할 때마다 놀라운 일이 발생한다.

피조물이 탄식하다

첫째로 바울은 모든 피조물이 우리와 함께 탄식한다고 말한다. "피조물이 다 이제까지 함께 탄식하며 함께 고통을 겪고 있는 것을 우리가 아느니라"(롬 8:22). 우리의 울부짖음도 "허무한 데 굴복[한]"(20절) 피조물의 반향이다. 우리 주위 세상은 죄에 따른 저주를 통감한다.

내 딸은 런던의 코톨드 미술관에서 현대 예술 큐레이트 팀에 있다. 한 전시에서는 전화기 한 대를 뒀다. 그런데 전화기를 집어 들면 곧바로 빙하에 내장된 마이크로 연결되었다. 그러면 얼음장이 서로 마찰을 일으키며 발생하는 삐걱거리는 탄식 소리를 들을 수 있다. 나는 그 소리를 듣는 즉시 허무함으로 탄식하는 피조물에 관한 바울의 설명이 생각났다.

하지만 피조물은 비록 허무한 데 굴복한 상태지만 **바라는**(21절) 중이다. 언젠가 "썩어짐의 종 노릇 한 데서 해방되어 하나님의 자녀들의 영광의 자유에 이르는"(21절) 그날이 올 것이다. 바울은 자연 세상을, 기대에 부풀어 아버지가 집에 오기를 간절히 기다리는 아이로 묘사한다. 또는 고통 가운데 탄식하면서도 기쁜 마음으로 아기가 나오기를 기다리는 산모와 같다. 이사야도 비슷하다. 그는 피조물을 새롭게 하는 시간이 임할 때, 산들과 언덕이 노래를 발하고 들의 모든 나무가 손뼉을 치는 모습을 상상한다(사 55:12 참조). 피조물은 탄식한다. 하지만 열렬한 기대 가운데 탄식한다.

우리는 탄식한다

그리고 우리 역시 같은 경험을 한다. 우리 역시 기대 가운데 탄식한다. 바울은 말한다. "그뿐 아니라 또한 우리 곧 성령의 처음 익은 열매를 받은 우리까지도 속으로 탄식하여 양자 될 것 곧 우리 몸의 속량을 기다리느니라"(롬 8:23). 19절을 보면 피조물은 "고대"한다. 그리고 23절을 보면 우리 역시 "기대[린다]." 22절을 보면 피조물은 "탄식"하며, 23절을 보면 우리도 "속으로 탄식"한다.

우리가 입양되어 양자의 영을 소유하고 있을지라도 우리 몸은 아직 구속되지 않았다. 우리는 세상의 망가짐을 느낀다. 그리고 종종 우리 몸 자체의 망가짐을 느낀다. 그래서 탄식한다. 우리는 망가진 세상에서 살아가는 망가진 사람들이다.

우리는 열망으로 탄식한다

하지만 성령이 만들어 내시는 차이가 있다. 대부분 사람에게 탄식이란 **과거를 돌아보는 것**이다. 모든 게 예전의 모습이 아니다. 그래야만 하는 모습이 아닌 것이다. 우리는 망가진 세상을 살아간다. 믿지 않는 사람들도 이 사실을 감지한다. 믿지 않는 사람들은 세상이 그래야 하는 모습이 아니라는 사실에 슬퍼한다. 믿지 않는 사람들도 탄식한다.

하지만 그리스도인들에게 탄식이란 **미래를 바라보는 것**이기도 하다. 지금은 모든 것이 앞으로 **이루어질** 모습이 아님을 우리는 안다. 그리고 그리스도인의 탄식은 성령의 사역이다. 탄식하는 자는 "우리 곧 성령의 처음 익은 열매를 받은 우리"(23절)다. 모든 이가 탄식한다. 하지만 오직 그리스도인만이 앞을 내다보며, 새롭게 입양된 집으로 옮겨지기를 간절히 기다리며 탄식한다. 우리는 우리에게 성령이 있기에, 구속받은 피조물의 처음 익은 열매가 있기에 탄식한다.

성령은 우리가 두 가지 방식으로 새 피조물을 열망하게 만드신다. 첫째, 성령은 우리가 새로운 피조물을 경험하게 하신다. 성령은 "처음 익은 열매"로 묘사된다. 그분은 맛보기 음식과 같다. 성대한 식사를 준비한 요리사가 전채 요리를 약간 제공하는 것 같다. 그리고 당신은 그 음식을 맛있게 맛봄으로써 본 식사를 기대하는 마음을 가득 품게 된다.

우리는 자녀이기에 탄식한다

둘째, 성령은 우리가 새로운 피조 세계를 열망하게 하신다. 성령은 우리가 새로운 피조 세계를 집으로 생각하게 만드시기 때문이다. 나는 여행할 때 항상 집에 다시 올 것을 기대한다. 왜 그러한가? 내 가족이 집에 있기 때문이다. 성령이 우리가 하나님의 자녀임을 증거하실 때 어떤 일이 일어날지 생각해 보라. 그 성부 하나님이 내 아버지라고? 그러면 우리의 집은 변한다. 우리에게 집은 더 이상 일시적인 이 세상이 아니다. 이제 집은 앞으로 임할 하나님의 세상이다. 집은 우리 가족이 있는 곳이다. 지금은 그곳이 천국이다. 하지만 어느 날 천국과 땅은 새로운 피조 세계에서 연합할 것이고, 하나님은 거기에 거하실 것이다(계 21:1-5 참조).

저자이자 신학자인 러셀 무어는 러시아 고아원의 끔찍한 침묵에서 받은 충격을 설명한다. 거기 아이들은 아무도 오지 않아도, 아무도 돌보지 않아도 울지 않도록 배웠다. 한 주 동안 무어와 그의 아내는 미래의 아들이 될 두 아이와 놀았다. 책을 읽어 주고, 노래를 불러 주고, 안아 주고, 사랑을 줬다. 그리고 매일 저녁 침묵을 뒤로한 채 걸어 나왔다. 그리고 그들이 떠나야 하는 마지막 날이 왔다. 그들은 두 아이를 가족으로 삼기에 앞서 미국으로 돌아가 법적 절차를 마무리해야 했다. 그런데 무어는 아이들에게 다시 돌아가야만 한다고 느꼈다고 한다. 무어는 다시 가서 예수님의 말씀을 인용해서 아이들에게 이렇게 말했다. "우리는 너희를 고아처럼 버려두지 않고 다시 돌아올 거야." 그리고 복도를 걸어 내려오는데 한 아이가 비명을 지르는 소리가 들렸다. 말도 못 하는 한 살짜리 아이가 분노와 절망으로 비명을 지른 것이었다. 무어는 그 울부짖음이 자신이 들었던 가장 끔찍하고도 사랑스러운 소리였다고 말한다. 마음 깊이 파고드는 그 소리는 바로 아버지를 부르는 아들의 부르짖음이었다. 그 비통에 찬 울음으로 이 고아는 아들이 되었다.[42]

성령은 우리 영과 함께 우리가 하나님의 자녀임을 증언하신다(16

절). 하지만 그러한 입양 경험은 여전히 부분적이다. 피조 세계는 아직 해방되지 않았다. 그리고 우리 몸도 아직 구속되지 않았다. 그래서 우리는 "양자 될 것 곧 우리 몸의 속량을 기다[린다]"(23절). 아들 됨을 경험했기에 우리는 그 이상을 열망하게 된다. 그래서 모든 고통, 모든 죄와 모든 상실을 당할 때 열망의 감각이 더해진다. 우리는 앞으로 그 이상이 있을 것임을 안다.

성령으로 인해 우리는 "**아빠** 아버지라고 부르짖[는다]"(8:15). "부르짖다"로 옮긴 단어는 강한 단어다. 부드럽게 말할 수 있는 온화하고 애정 어린 단어가 아니다. 오히려 도움을 구하는 부르짖음이다. 어느 날 친구의 가족과 빙판 위를 걷다가 그만 친구 딸이 얼음 사이로 떨어져 강에 빠지고 말았다. "아빠아아아!" 아이가 두려움과 공포에 질려 소리 질렀다. 그러자 그 아이의 아빠는 1초도 생각하지 않고 얼음물에 뛰어들어 딸을 꺼냈다. 그것이 "**아빠** 아버지"라는 부르짖음이다. 아빠가 달려오게 만드는, 도움을 구하는 절박한 소리인 것이다.

복음서에서 예수님이 "**아빠** 아버지"라고 말씀하신 곳은 피를 땀처럼 흘리신 겟세마네가 유일하다(막 14:36, 눅 22:44 참조). 예수님은 세상의 망가짐을 자신이 막 담당하고자 하실 때 부르짖으셨다. "**아빠** 아버지." 그리고 우리 삶에서 그러한 망가짐을 느낄 때 성령은 우리가 "**아빠** 아버지"라고 울부짖게 만드신다. 모든 탄식은 "아버지"라고 속삭이게 하는 초대가 된다.

성령이 탄식하시다

사람들은 종종 성령을 경험하는 일이 등골이 오싹한 황홀경과 비슷하다고 여긴다. 그리고 사실 그러한 식으로 성령의 역사를 경험할 수도 있다. 하지만 바울은 로마서 8장 26절에서 말한다. "성령도 우리의 연약함을 도우시나니." 당신이 어두운 시절을 지나 반대편으로 나왔다면, 그게 바로 성령을 경험한 것이다. 당신이 기독교 신앙에 관해 알고 있는 모든 것을 전부 의심했는데, 어떻게든 계속 기도할 수 있었다면 그게 바로 성령을 경험한 것이다.

하지만 바울은 더 놀라운 단계로 나아간다. 그는 성령이 직접 "탄식"(26절)하신다고 말한다. 피조물은 탄식한다. 우리는 탄식한다. 그리고 성령도 탄식하신다. 피조물은 허무한 데 굴복했기에 탄식한다. 우리는 우리가 살아가는 이 세상과 우리 몸이 망가졌음을 느끼며 종종 탄식한다. 반면에 하나님은 굴복하지도 않으셨고, 망가지지도 않으셨지만, 성령을 통해 우리와 함께 우리의 고통을 느끼신다. 성령은 우리가 내는 모든 탄식을 반복하신다.

그리고 그 고통이 너무 크게 느껴져 우리가 할 말조차 바닥날 때, 성령은 우리 대신 계속 기도하신다.

> 우리는 마땅히 기도할 바를 알지 못하나 오직 성령이 말할 수 없는 탄식으로 우리를 위하여 친히 간구하시느니라(롬 8:26).

당신이 올림픽에 나간 조정 선수가 온 힘을 다해 노를 젓듯이 결승선을 향해 삶을 헤쳐 나가며 돌진하고 있다면, 그건 당신의 맥을 뛰게 하시는 성령 때문이다. 반대로 노 저을 힘이 없어 떠내려가고 있다고 느낄 때, 산들바람처럼 오셔서 당신을 집으로 밀어주실 분도 성령이다.

하나님은 성령의 기도에 응답하실 수밖에 없다. 이 시점에서 우리는 놀라운 순환 과정 가운데 있기 때문이다. 성령의 탄식은 말의 형태가 아닐 수 있다. 하지만 아버지는 성령이 마음에 품으신 생각을 아신다. 그리고 성령이 마음에 품으신 생각은 아버지의 뜻과 완벽하게 부합한다. "마음을 살피시는 이가 성령의 생각을 아시나니 이는 성령이 하나님의 뜻대로 성도를 위하여 간구하심이니라"(27절). 그리고 그 뜻은 우리가 그의 아들과 같이 되는 것이다(29절). 성령은 당신의 탄식을 받으시고, 당신을 자기 아들과 같이 만들겠다는 아버지의 목적에 부합하는 형태로 아버지께 제시하신다. 그 결과 "하나님을 사랑하는 자 곧 그의 뜻대로 부르심을 입은 자들에게는 모든 것이 합력하여 선을 이루[게]"(28절) 된다.

요점은 다음과 같다. 성령은 우리의 탄식을 바꾸셔서 하나님이 우리 삶에서 자신의 목적을 이루시는 수단이 되게 하신다. 그리고 하나님의 위대한 목적은 우리를 그분의 영광스럽고 아름다운 아들처럼 만드시는 것이다.

실천으로 옮기기

장 칼뱅은 자신이 "미래의 삶을 묵상함"[43]이라고 칭한 것을 추천한다. 일종의 영적 훈련을 염두에 둔 말이다. 우리는 시간을 내서 하나님이 우리에게 약속하신 미래를 생각해야 한다. 즉 피조물의 갱신, 육신의 구속과 우리를 양자로 받아 주심이다. 우리는 서로에게 우리를 기다리고 있는 "영원한 영광"을 상기해야 한다. 우리는 이러한 관점에서 우리가 처한 문제를 바라봐야 한다. 그렇게 비교할 때, 문제를 "잠시 받는 환난의 경한 것"(고후 4:17)으로 여길 수 있다. 우리는 이 세상을 지나가는 순례자로서 "더 나은 본향"(히 11:13-16, 벧전 1:1, 2, 11)으로 가는 길에 있음을 기억해야 한다. 칼뱅은 말한다. "비록 믿는 자들은 지금 이 땅에서는 순례자일지 몰라도, 그들은 확신함으로 하늘을 오른다. 그렇기에 그들은 평온하게 가슴 속에 미래의 기업을 소중히 여긴다"[44] 이 땅의 보배를 찾는 헛된 추구에서 우리를 자유롭게 하는 것은 하늘에 있는 보배에 대한 소망이다(마 6:19, 20, 딤전 6:17-19 참조).

미래 삶을 묵상하는 일은 정기적으로, 아마도 규칙적으로 성경을 읽거나 기도하는 것의 일부일 수 있다. 하지만 우리가 탄식할 때마다 해야 할 일이기도 하다. 의자에서 일어서며 내뱉는 한숨부터 사별의 고통스러운 공허감에 이르기까지, 당신이 내뱉는 **모든 탄식은 성령의 소망을 즐기라는 초대**다. 우리에게 그런 경험은 날마다 여러 기회를 더해 준다. 즉 더 간절히 바라는 마음으로 미래를 기대할 기회들을 말이다.

실천 사항

이번 주에는 날마다 새로운 피조 세계에서 누릴 영원한 삶을 생각하라.

마이크와 엠마의 월요일 아침

기차는 천천히 멈췄다. 마이크는 머리를 숙여 창밖을 내다보며 승강장이 보이기를 바랐다. 하지만 낙서로 가득한 벽만 보였다. "기차는 신호 문제로 15분 연착될 예정입니다. 불편함을 드려 죄송합니다." 마이크는 들릴 정도로 탄식 소리를 냈다. 마이크만 그런 것이 아니었다. 열차 안은 투덜거리는 소리로 갑자기 생기가 돌았다.

얼마나 이러려나? 15분 연착. 사무실까지는 10분을 걸어야 한다. 지금은 몇 시지? 사무실 책상에는 9시 10분까지는 앉아야 한다. 그러면 된다. 그러고는 집에 돌아가겠지. 내일도 그럴 거고. 은퇴할 때까지 계속할 것이다. 이 기차에서 40년을 더 서 있어야 한다. 그건 마치 영원처럼 느껴졌다.

모든 게 원래부터 이랬던 건가? 그렇지 않다. 여기는 망가진 세상이다. 마이크는 생각한다. 그리고 솔직히 말하면 출퇴근이 최악은 아니다. 전혀 그렇지 않다. 그리고 언젠가는 끝날 것이다. 어느 날 그리스도께서 돌아오셔서 만물을 새롭게 하실 것이기 때문이다. 새로운 피조 세계에도 출퇴근이 있으려나? 아마도 그렇지 않을 것이다. 마이크는 생각한다. 혹시 있다고 해도 이렇지는 않을 것이다. 객차 안을 돌아봤다. 유일한 희망이라고는 건강히 은퇴하는 일이 전부인 그들이 보인다. 그는 말한다. "성령님, 제게 있는 이 놀라운 소망을 다시 생각나게 해주셔서 감사합니다."

❓ 생각할 질문

• 9장에서는 하나님을 위해 위험을 감수하라고 도전했다. 어떠했는가?

• 당신은 언제 소리 내어 또는 속으로 탄식하는가?

• 당신이 최근에 탄식했던 일을 생각해 보라. 당신의 탄식은 이 세상이 마땅히 그러해야 할 모습이 아니라는 사실을 어떻게 상기시켰는가? 당신을 탄식하게 만든 그 이유는 새로운 피조 세계에서 어떻게 바뀔 것인가?

• 당신의 삶에서 힘들었던 때를 생각해 보라. 성령은 어떻게 당신이 그 곤경을 빠져나오도록 도우셨는지 생각해 보라.

• 최근에 새로운 피조 세계에서 예수님과 함께 누리는 영원한 삶을 생각해 본 때는 언제인가? 그것이 당신의 태도를 어떻게 달라지게 만들었는가?

11장

모든 말씀에서 우리는
성령의 음성을 즐길 수 있다
In every word we can enjoy the Spirit's voice

"우리 기도할까?" 당신은 절대로 이 질문에 아니라고 답변할 수 없을 것이다. "아니, 나는 기도하고 싶지 않아. 그거 말고 더 좋은 일이 있거든." 우리는 이렇게 답하는 게 잘못이라는 사실을 안다. 하지만 우리가 성경 읽고 기도하는 일을 기뻐하지 않을 때가 많은 것도 사실이다. 우리는 위기에 처할 때만 기도에 나선다. 우리 앞에 해야 할 일이 쌓여 있는데 아침에 일어나서 가장 먼저 기도한다라……. 우리는 차라리 하루를 얼른 시작할 것이다. 그러면 밤늦게는 어떠한가? 우리는 불을 끄고 잠을 자는 편을 택할 것이다.

중요한 것은 당신이 시간을 어떻게 구성하고 있느냐가 아니다. 정말로 중요한 일에는 시간을 할애하게 되어 있다. 핵심은 당신이 성경 읽기와 기도하기를 어떻게 생각하느냐이다. 우리는 성경 읽기와 기도의 주된 목적이 정보 교환이라고 생각하기 쉽다. 우리가 이미 알고 있는 지식의 총합에 하나님에 관한 새로운 진리를 몇 가지 더하기 바라는 마음으로 성경을 읽는다. 그리고 하나님에게 정보를 전달하기 위해 기도를 드린다. 하나님이 해주시기를 바라는 일의 목록을 드리는 셈이다. 하지만 성경 읽기와 기도는 그 이상이다. 그리고 우리가 그 "이상"을 받아들일 수 있으면 기대하는 마음으로 그 시간을 바라게 된다. 이렇게 하는 비결은 성경 읽기와 기도를 하나님과의 관계를 즐기는 기회로 바라보는 것이다.

성경은 관계의 책이다. 성경의 목적은 하나님과 관계를 조성하고 깊게 하는 것이다. 성경은 즉석으로 참고하려고 쓰는 도구가 아니다. 성경은 우리가 하나님과 어울리고 하나님을 알게 되는 장소다. 집에 돌아왔는데 아내가 하루를 어떻게 보냈는지 이야기를 꺼낸다고 상상해 보자. 그런데 내가 이렇게 말을 자른다고 치자. "거기까지만 해줄래? 그냥 요점만 정리해 줘. 해야 할 일이 있단 말이야." 이런 대화는 좋은 결혼의 비결이 될 수 없다! 대화의 목적은 그저 정보 전달이 아니다. 대화의 목적은 관계 형성이다. 성경도 다르지 않다. 하나님에 관한 정보만 빼먹기 위한 책이 아니라 교제의 방편이다.

교제의 방편

몇몇 그리스도인이 "영성 훈련"을 이야기한다. 영성 훈련이란 우리가 그리스도인으로 성장하는 데 도움이 되는 모든 것이다. 즉 기도, 성경 읽기, 교회 생활 등등이다. 나는 영성 훈련을 전적으로 찬성한다. 하지만 그 용어는 맘에 들지 않는다. 나는 이 주제로 누구와 싸우려는 것도 아니고, 당신에게 그 용어를 사용하지 말라고 하는 것도 아니다. 그저 더 나은 용어가 있다고 생각할 뿐이다. 영성 훈련이라는 말은 하나님과 나의 관계를 노력으로 이루어야 하는 무언가로 만들 위험이 있다. 그리고 훈련이라는 말 자체가 하고 싶다는 마음이 들게 하지 않는다. 그래서 스스로 경건한 사람이 되게 해주는 영성 단련 운동 계획처럼 생각되기도 한다. 그리고 때로는 이 개념이 우리의 교만에 영합하기 때문에 매력적으로 들릴 수 있다. 하지만 우리가 거기에 미치지 못하면 치명적일 수도 있다.

그래서 전통적으로 많은 그리스도인이 "은혜의 방편"이라는 용어를 선호했다. 이것은 큰 진전이다. 은혜의 방편이란 하나님이 우리를 부르시고 자신의 아들과 같이 삼으시려고 사용하는 것들이다. 이러한 용어가 주는 한 가지 유익은 (기도와 성경 읽기같이) 우리가 하는 일만 포함하는 것이 아니라 (세례나 고난같이) 우리에게 일어나는 일들을 포괄한다는 점이다.

하지만 "은혜의 방편"이라는 말이 주는 주된 유익은 중점을 나의 성취에서 돌려 하나님의 은혜로 향하게 만든다는 점이다. 그리스도 안에서 성장하고 하나님과 친밀하게 되는 일은 나의 의지로, 내가 훈련해서 이룰 수 있는 무언가가 아니다. 오히려 그것들은 하나님이 제공하신 은혜의 방편을 통해 하나님이 내 안에서 이루시는 무언가다. 그 이름에 실마리가 있다! 이는 전적으로 하나님의 은혜에 관한 것이다. 나의 책임은 그저 이러한 은사를 최대로 선용하는 것이다.

하지만 나는 한 걸음 더 나아가고 싶다. "은혜의 방편"을 이야기 할 때도 위험이 있기 때문이다. 이 용어가 어느 정도 기계적으로 보일 수 있다는 점이다. 마치 은혜란 내가 복용하는 약과 같다는 식이다. 심지어 은혜의 방편이란 하나님이 이 땅의 사람들에게 영적인 복을 주시기 위해 사용하는 배달 체계로 설명하는 것까지도 들었다. 그러면 꼭 자판기 같다는 생각이 든다. 돈을 넣고, 해당 버튼을 누르면 원하는 제품이 바닥으로 떨어진다. 마찬가지로 성경을 읽고 기도하면 해당하는 은혜의 분량이 나에게 전달된다는 것이다.

하지만 은혜는 "어떤 것"이 아니다. 당신은 은혜를 포장해서 누군가에게 배달할 수 없다. 은혜는 사랑받을 자격 없는 사람들에게 베푸시는 하나님의 사랑이다. 그래서 근본적으로 관계에 관한 용어다. 따라서 내 사랑의 일부를 포장해서 집배원에게 다른 곳에 전달해 달라고 할 수 없는 것과 마찬가지로 은혜는 하나님과 분리될 수 없다.

나는 "교제의 방편"이라는 용어를 제안한다. 기도, 공동체, 예배, 봉사, 고난은 모두 하나님이 우리에게 자신과 우리 **관계**를 즐기고 또 깊게 만들라고 주신 방편이다. 사실 이 책의 모든 장은 교제의 방편에 집중하고 있다. 어떤 즐거움이라도 당신이 그것을 아버지의 자비하심을 보여 주시는 징표로 여긴다면 교제의 수단이 될 수 있다. 어떤 고통이라도 당신 아버지가 훈련하시는 징표로 본다면 교제의 수단이 될 수 있다. 모든 기도, 모든 실패, 모든 두려움, 모든 식사, 모든 유혹, 모든 탄식에도 당신이 그 안에서 일하시는 하나님을 보기만 한다면, 당신을 하나님에게 더욱 가까이 이끌어 갈 잠재력이 있다. 핵심은 믿음이다. 믿음은 삶의 모든 평범한 것 가운데서도 하나님의 비범한 일하심을 보게 한다. 그것은 새소리일 수도 있고 두통일 수도 있고 분노에 찬 말일 수도 있다. 우리가 눈치 채지 못하고 흘려보낼 수도 있는 것들이다. 하지만 믿음은 그것들을 하나님과 교제의 방편, 그분에게 반응할 수 있는 기회로 삼게 한다. 즉 새소리가 들리면 하나님에게 감사하고, 두통조차도 당신의 성숙에 도움이 된다고 받아들이고, 분노에 찬 말의 대가는 이미 그리스도께서 치르셨다고 신뢰하는 것이다.

하나님의 음성 듣기

우리가 성경을 하나님과 교제의 방편으로 바라볼 때 어떤 차이가 생기는가?[45]

　히브리서 3장 7절은 말한다. "그러므로 성령이 이르신 바와 같이 오늘 너희가 그의 음성을 듣거든." 이 말씀은 히브리서 기자가 앉아서 편지 쓰기 약 1,000년 전에 기록된 시편 95편에서 인용한 말씀이다. 히브리서 4장 7절에서는 하나님이 "다윗의 글에" 말씀하셨다고 하며 같은 부분을 인용한다. 시편에는 두 저자가 있다. 성령과 다윗

왕이다. 우리가 성경에서 읽는 말씀은 인간의 언어다. 하지만 동시에 하나님의 언어다. 하나님이 직접 우리가 읽고 있는 그 말씀을 하셨다. 바울은 그 말씀이 "하나님의 감동으로"(딤후 3:16) 되었다고 설명한다. 베드로는 성경의 저자들이 "성령의 감동하심을 받은 사람들이 하나님께 받아 말한 것"(벧후 1:21)이라고 한다. 당신의 손에 들고 있는 성경이 바로 하나님의 말씀이다.

하나님이 마지막으로 당신에게 말씀하신 때는 언제인가? 그 답은 당신이 이 책에서 베드로후서 1장 21절을 읽은 바로 직전이다. 히브리서 3장 7절을 다시 보라. 성령이 그 말씀을 "이르셨다"고 하지 않는다. 그 대신 "성령이 **이르신** 바와 같이"라고 한다. 즉 말씀이 읽어지는 그 순간에 일어나는 사건으로 묘사하는 것이다. 하나님은 성경에서 과거에 말씀하셨다. 하지만 하나님은 성경에서 지금도 **말씀하신다.** 성경은 그저 예전에 일어난 일과 예전에 말해졌던 것을 기록한 글이 아니다. 성경이 읽어질 때, 무슨 일이 생겨난다. 성경이 읽어지고 선포될 때, 하나님이 말씀하시는 것이다. **우리는 모든 말씀에서 성령의 음성을 즐길 수 있다.** 바로 여기, 바로 지금 말이다.

마침 히브리서 3장 7, 8절이 소개하는 인용구도 그러한 개념을 강화한다. "오늘 너희가 그의 음성을 듣거든 광야에서 시험하던 날에 거역하던 것같이 너희 마음을 완고하게 하지 말라." 시편 95편은 애굽에서 탈출한 이스라엘 백성이 하나님에게 불평한 두 가지 이야기를 소환한다. 몇 세기가 흘렀지만 다윗은 출애굽 때 선포된 하나님의 말씀을 가져와 독자들에게 "오늘" 그 말씀을 새롭게 들으라고 초대한다. 사실 다윗은 "**오늘 하나님이 너희에게 말씀하신다**"라고 이야기한다. 또 다른 1,000년이 지나고 히브리서 기자도 같은 이야기를 한다. "오늘 너희가 그의 음성을 듣거든."

"하나님의 말씀은 살아 있고 활력이 있어." 히브리서 4장 12절의 결론이다. 성경은 하나님이 말씀하시고 행하신 바를 정확하게 기록한 것이다. 하지만 성경은 그 이상이다. 성경은 살아 있다. 하나님의 살아 있는 목소리다. "성령은 성경 **기자**의 마음에 일하셔서 그들이 **기록한** 것이 하나님의 말씀임을 보장하셨고, 성경 **독자**의 마음에도 일하셔서 그들이 **듣는** 것이 하나님의 말씀임을 보장하신다."[46]

성경은 또한 **활력이 있다**. 무언가를 행한다. 그것은 열심이다. 성경이 읽어질 때 하나님이 일하신다. 창조 시에 하나님은 말씀하셨고, 그 말씀을 통해 질서와 빛과 생명을 존재하게 하셨다. 그리고 오늘 하나님이 말씀을 통해 말씀하실 때, 그분은 혼란한 우리 삶에 질서를 주시고, 우리 어둠에 빛을 일으키시며, 죽은 마음에 생명을 창조하신다. 시편 19편 7-13절을 따라 하나님의 말씀이 행하신 바를 생각해 보자.

> 여호와의 율법은 완전하여 영혼을 소성시키며 여호와의 증거는 확실하여 우둔한 자를 지혜롭게 하며 여호와의 교훈은 정직하여 마음을 기쁘게 하고 여호와의 계명은 순결하여 눈을 밝게 하시도다 …… 또 주의 종이 이것으로 경고를 받고 이것을 지킴으로 상이 크니이다 자기 허물을 능히 깨달을 자 누구리요 나를 숨은 허

물에서 벗어나게 하소서 또 주의 종에게 고의로 죄를 짓지 말게 하사 그 죄가 나를 주장하지 못하게 하소서 그리하면 내가 정직하여 큰 죄과에서 벗어나겠나이다.

성경은 영혼을 소성시키며, 지혜롭게 하며, 마음을 기쁘게 하고, 눈을 밝게 하며, 오류를 경고하며, 우리 잘못을 드러내며, 우리를 죄에서 자유롭게 한다. 탁월한 능력이다. 그도 그런 것이 이 말씀이 곧 **하나님의** 말씀이기 때문이다.

하나님의 임재 알기

보이기는 하되 말하는 소리가 들려서는 안 된다. 아마도 빅토리아 시대 사람들은 아이들이 이래야만 한다고 생각한 것 같다. 하지만 성경 이야기를 보면 하나님은 이와 정반대시다. 하나님은 들리긴 하되 보이지 않는 분이다. 하나님은 계속해서 자기 백성의 삶에 직접 개입하신다. 하지만 그분은 직접 나타나심이 아니라 말씀으로 개입하신다. 실제로 모세가 시내산에서 하나님과 만난 경험을 이야기한 내용이 그 본보기다. "음성뿐이므로 너희가 그 말소리만 듣고 형상은 보지 못하였느니라"(신 4:12). 여호와는 "나를 보고 살 자가 없기에"(출 33:20) 모세에게 자신의 영광을 보여 주기를 거부하셨다. 그 대신 하나님은 구름 가운데 자신을 가리신 채로 오셔서 자신의 이름을 드러내셨다(출 34:5, 6 참조).

그렇다면 하나님은 보이시지 않기 때문에 계시지 않은 것인가? 그렇지 않다. 분명히 계신다. 그분은 자신의 말씀을 통해 현존하시고 활동하신다. 당신이 하나님을 볼 수 없기 때문에 당신의 삶에 하나님이 부재하시는가? 그렇지 않다. 하나님은 자신의 말씀으로 당신의 삶에 현존하시고 활동하신다. 대체자를 통해 임하시는 것도 아니고, 자신의 말씀을 전하기 위해 대리인들을 보내시는 것도 아니다. 그분은 자신의 말씀을 통해 성령으로 임재하신다.

한 소녀가 밤중에 깼다고 해 보자. 어두워 아무것도 보이지 않기에 그 아이는 두려워 울고 있다. 그런데 아버지 목소리가 들린다. 그리고 소녀가 안정을 취할 수 있도록 계속 말을 걸어온다. 소녀는 아버지의 목소리를 듣고 안심되어 몇 분 후에 잠이 든다. 소녀는 무엇을 보았는가? 아무것도 보지 못했다. 다만 아버지의 음성을 듣고 거기 아버지가 있다고 확신했다. 우리가 성경을 읽을 때도 똑같다. 무엇이 보이는가? 아무것도 보이지 않는다. 하지만 우리는 하나님의 음성을 들으며 하나님의 임재를 경험한다. 장 칼뱅은 말한다.

우리 주님은 우리에게 매우 선하시기에 그분의 교리가 여전히 우리에게 선포되게 하신다. 그러면 우리는 그것을 통해 하나님이 우리와 손 닿을 가까운 거리에 계시며, 하나님이 우리의 구원을 추구하시며, 지금도 하나님이 우리를 자신에게 부르시며, 우리가 그분을 볼 수 있다는 확실하고 틀림없는 징표로 삼는다. 예수

그리스도 그분은 복음이 선포될 때마다 우리를 맞아 주시기 위해
손을 펴신다.[47]

사도 요한은 아버지와 아들과 자신이 나누는 교제에 우리가 동참
하기를 원했다. 그에게는 사람들이 하나님과 교제를 누리는 모습을
보는 것이 큰 기쁨이었다. 하지만 그렇게 하기 위해 요한이 해야 할
일은 무엇이었는가? 그는 이렇게 말했다.

> 우리가 보고 들은 바를 너희에게도 전함은 너희로 우리와 사귐이
> 있게 하려 함이니 우리의 사귐은 아버지와 그의 아들 예수 그리
> 스도와 더불어 누림이라 우리가 이것을 씀은 우리의 기쁨이 충만
> 하게 하려 함이라(요일 1:3, 4).

요한은 우리를 인도하여 하나님과 교제로 이끈다. 그리고 그의
말은 성령이 감동하신 하나님의 말씀이다(요 16:13, 14 참조). 하나님의
말씀이 주어졌기 때문에 우리는 삼위일체 하나님과 교제하는 온전
한 기쁨을 경험하게 된다.

아내는 텔레비전 프로그램 〈더 그레이트 브리티시 베이크 오프〉(The
Great British Bake Off)의 팬이다. 매주 일반인이 케이크를 만드는데 그
중 최고의 케이크를 만든 사람이 다음 라운드에 진출한다. 모든 회
차는 참가자가 심사받기 위해 직접 만든 케이크를 가져오는 모습으
로 마무리된다. 우리는 텔레비전 화면에서 그 케이크들을 모두 볼

수 있다. 그리고 우리 가족은 각각 어떤 케이크가 가장 좋아 보이는 지 결정한다. 하지만 중요한 것은 외관이 아니다. 맛있는 케이크를 알아내는 유일한 방법은 먹어 보는 것이다. 그래서 심사위원인 메리 베리는 케이크 한 조각을 포크에 찍어 입에 넣고 잠시 멈춘 뒤에 웃으며 말한다. "정말 멋지네요."

베드로는 성경을 그렇게 먹어 보라고 우리를 초대한다. 그는 말한다. "갓난 아기들같이 순전하고 신령한 젖을 사모하라 이는 그로 말미암아 너희로 구원에 이르도록 자라게 하려 함이라 너희가 주의 인자하심을 맛보았으면 그리하라"(벧전 2:2, 3). 베드로가 "신령한 젖"이라고 한 것은 "살아 있고 항상 있는 하나님의 말씀"(1:23)을 뜻하며, 우리는 이를 통해 다시 태어난다. 우리는 성경의 맛이 좋다는 사실을 경험으로 알기에 성경을 갈망한다. 하지만 베드로는 성경 말씀의 맛이 좋다고 하지 않는다. "주"의 맛이 좋다고 말한다. 물론 핵심은 우리가 하나님의 말씀 안에서 하나님의 선하심을 맛본다는 점이다. 신학자이자 저자인 웨인 그루뎀은 말한다. "믿는 자들은 주님의 말씀을 들으면서 주님과 개인적인 교제의 즐거움을 경험한다."[48]

실천으로 옮기기

성경은 우리가 하나님의 음성을 듣고 그분의 임재를 경험하는 방식이기 때문에 우리는 의도적으로 성경을 읽어야 한다. 따라서 성경 읽기 계획표를 마련하고 날마다 기록하는 것이 좋다. 하지만 수단과 목적을 혼동하지 말라. 목표는 하나님을 즐기는 것이고, 날마다 성경 읽는 계획은 그저 수단이다. 그러니 하루를 놓쳤다고 해서 따라잡아야 한다는 부담을 느낄 필요는 없다. 그냥 하루를 뛰어넘어도 좋고 하루를 미룬 채 계속해도 좋다. 목표는 과업을 마무리하고 체크 표시를 하는 것이 아니다. 목표는 하나님의 음성을 듣는 것이다. 당신이 성경을 10분만 읽었다고 그날은 10분에 해당하는 은혜만 받는 것이 아니다. 우리는 우리 구주께서 우리에게 하시는 말씀을 듣기 위해 말씀으로 가야 한다.

여기에 실용적인 실천 방법이 있다. 성경을 읽을 때 기도하는 습관을 들이는 것이다. 말씀을 앞두고 예배함으로써 하나님의 말씀을 양방향 대화로 만드는 것이다. 성경에 기록된 많은 기도가 실제로는 성경의 약속을 되돌려 하나님에게 요청으로 제시하는 형식이다. 이렇게 하는 한 가지 방법으로, 우선 본문을 전체적으로 읽고 한 번에 한 절 또는 두 절씩 다시 읽는 것이다. 각 단락을 마무리하면서 당신이 읽은 내용을 기도로 바꾸라. 당신은 찬양, 고백, 감사, 간구 등으로 응답할 수 있다. 성경이 이야기 형식으로 되어 있는 경우에는 당신의 관심을 사로잡은 두세 절에 집중하거나 하나님이 어떻게 개입하셨는지 요약하는 것도 좋다.

요한복음 14장을 예로 들어 보자. 큰 그림을 그리기 위해 먼저 1-10절을 한 번에 읽는다. 그리고 다시 1절로 돌아가 읽는다.

> 너희는 마음에 근심하지 말라 하나님을 믿으니 또 나를 믿으라(요 14:1).

마음에 근심되는 몇 가지를 고백하면서 시작할 수 있다. 그런 후에 자신을 믿으라고 하신 그리스도의 초대를 기뻐하라. 이 일은 당신의 문제를 그분에게 맡기는 기회가 될 수도 있다. 그렇게 했다면 2, 3절을 다시 읽는다.

> 내 아버지 집에 거할 곳이 많도다 그렇지 않으면 너희에게 일렀으리라 내가 너희를 위하여 거처를 예비하러 가노니 가서 너희를 위하여 거처를 예비하면 내가 다시 와서 너희를 내게로 영접하여 나 있는 곳에 너희도 있게 하리라(요 14:2, 3).

예수님이 죽으시고 부활하셔서 우리가 하나님과 함께할 곳을 마련해 주심에 감사하라. 그분이 돌아오셔서 우리와 함께하신다는 약속에 감사하라. 그분에게 당신의 문제를 영원의 관점에서 보게 해달라고 구하라.

> 내가 어디로 가는지 그 길을 너희가 아느니라 도마가 이르되 주여 주께서 어디로 가시는지 우리가 알지 못하거늘 그 길을 어찌 알겠사옵나이까 예수께서 이르시되 내가 곧 길이요 진리요 생명이니 나로 말미암지 않고는 아버지께로 올 자가 없느니라(요 14:4-6).

하나님에게 이르는 길을 보여 주시고 영생의 약속을 주신 예수님에게 감사하라. 믿지 않는 가족과 친구 역시 예수님을 통해 아버지께 나오게 해달라고 기도하라.

> 너희가 나를 알았더라면 내 아버지도 알았으리로다 이제부터는 너희가 그를 알았고 또 보았느니라 빌립이 이르되 주여 아버지를 우리에게 보여 주옵소서 그리하면 족하겠나이다 예수께서 이르시되 빌립아 내가 이렇게 오래 너희와 함께 있으되 네가 나를 알지 못하느냐 나를 본 자는 아버지를 보았거늘(요 14:7-9).

예수님 안에서 자신을 완벽하게 드러내신 하나님을 찬양하라. 우리가 예수님의 행동과 말씀에서 확인하는 하나님의 성품을 찬양하라. 예수님을 더 앎으로써 아버지를 더 알고 싶다는 당신의 열망을 표현하라.

어찌하여 아버지를 보이라 하느냐 내가 아버지 안에 거하고 아버지는 내 안에 계신 것을 네가 믿지 아니하느냐 내가 너희에게 이르는 말은 스스로 하는 것이 아니라 아버지께서 내 안에 계셔서 그의 일을 하시는 것이라(요 14:9, 10).

예수님이 하신(성경에 우리를 위해 기록된) 말씀을 통해 아버지는 자기 일을 하신다. 우리는 시작 지점으로 돌아왔다. 하나님은 그분의 말씀을 통해 현존하시고 활동하신다. 하나님이 당신의 삶에서, 당신의 교회에서, 당신의 교회 사역에서 예수님의 말씀을 통해 일하시기를 기도하라.

성경 읽기는 **교육** 과정이다. 우리는 성경을 읽으며 하나님에 관해 배운다. 하지만 성경은 교육 과정 훨씬 이상의 것이다. 성경 읽기는 또한 **관계** 과정이기 때문이다. 우리가 읽는 말씀, 우리가 듣는 설교 말씀은 하나님과 교제를 누리는 기회다. 우리는 모든 말씀에서 하나님을 만나고 그분의 음성을 듣는다.

나는 왜 아내에게 "사랑해"라고 말하는가? 나는 이미 그 말을 수없이 했다. 절대로 새로운 정보가 아니다. 하지만 아내는 내가 다시 그 말을 한다고 불평하지 않는다. "사랑해"라는 단어는 그녀를 다시 안심하게 만들고 안전하다고 느끼게 해준다. 예수님이 자신의 신부라고 칭하신 하나님의 백성도 마찬가지다. 우리는 매일 죄를 짓기 때문에 그리스도께서 여전히 우리를 사랑하실지 의구심을 품을 수 있다. 하지만 우리가 날마다 말씀을 듣기만 한다면 그리스도는 말씀 가운데 우리에게 자신의 사랑을 확언해 주신다. 성경을 읽을 때 당신의 주된 목적은 새롭거나 신선한 생각을 찾는 것이 아니다(비록 읽으면서 몇몇 새로운 개념을 만나게 되지만). 말씀 안에서 하나님의 음성을 듣고 그분을 만나는 것을 목표로 삼으라.

실천 사항

이번 주에는 날마다 성경 말씀을 읽으며 기도하라.

마이크와 엠마의 월요일 아침

마이크는 눈을 감았다. 어제 설교를 기억하려고 애썼다. '목사님이 뭐라고 하셨더라?' 그리스도께서 우리의 의가 되어 주신다는 내용이었다. 새로운 것은 없었다. 마이크는 전에도 그런 주제에 관한 설교를 많이 들었다. 하지만 어제 그 얘기를 다시 들으니 위로가 되었다. 그리고 오늘 아침 다시 기억하니 역시 위로가 되었다.

마이크는 앞날을 생각했다. 그는 자기 일에서 정체성을 찾는 편이다. 일이 잘 풀리면 자신이 대단하게 느껴진다. 하지만 일이 잘 풀리지 않으면 우울한 기분으로 집에 틀어박힌다. 그의 마음은 오후에 잡힌 상사와의 월간 회의 결과에 따라 움직일 것이다. 회의 후에는 어떤 느낌일까? 하지만 그는 자신이 하나님 앞에 그리스도의 의로움으로 옷 입은 채 서 있다는 생각을 했다. 그리스도의 모든 가치가 자신에게 덧입혀진다고 생각한 것이다. 어제 설교 시간에는 하나님이 자신에게 직접 말씀하시는 것처럼 느껴졌다. 하나님이 주신 말씀은 바로 그를 위한 것이었고, 바로 오늘 오후 미팅을 위한 것이었다. 그는 생각한다. '성령이 지금 그 말씀을 생각나게 하시는 거야.'

그 순간, 엠마는 아만다의 현관으로 향하고 있었다. 그들은 거의 매주 만나서 성경을 읽고 기도한다. 엠마는 지난주에 살펴본 부분을 기억하려고 애썼다. 빌립보서 어딘가였다. 그리스도를 앎에 관한 내용이었다. 그게 무엇이었든지 그때 읽고 기뻤던 기억이 났다.

그래 맞아. 사는 것이 그리스도이시고, 죽는 것도 유익이다. 뭐 그런 내용이었다. 성령은 정말로 엠마와 아만다가 함께 읽을 때 말씀하셨다. 당신이 그리스도를 위해 살아간다면 심지어 죽음도 좋은 소식이다. 무척 안심이 된다. 여전히 그렇다. 엠마와 가족에 무슨 일이 생기든 그리스도는 항상 계시다. 엠마는 생각했다. '나는 계속 이 말씀을 들어야 해. 성령님, 감사합니다. 지난주에 제게 복음을 일깨워 주셔서요. 제 마음에 이 사실을 항상 새롭게 일깨워 주세요."

> **❓ 생각할 질문**
>
> • 10장은 새로운 피조 세계에서 누리는 영생에 관해 생각해 볼 것을 도

전하며 끝났다. 어떠했는가? 그 전과 어떠한 차이가 있었는가?

• 언제 성경 읽기가 놀라운 기쁨으로 느껴지는가? 또 언제 지루한 의무처럼 느껴지는가? 그러한 차이가 생기는 이유는 무엇인가?

• 최근에 하나님이 말씀으로 당신에게 말씀하고 계시다는 느낌을 받은 적은 언제인가? 하나님의 말씀에 어떻게 접근해야 하나님의 음성을 들을 수 있는가?

• 당신의 성경 읽기 계획은 무엇인가? 당신은 어떠한 변화를 시도해 보겠는가?

• 지난 24시간 성령님은 당신의 삶에 어떻게 개입하셨는가?

12장

서로에게서 우리는
하나님의 사랑을 즐길 수 있다

In one another we can enjoy God's love

하나님이 우리에게 교회를 주신 이유는 하나님을 즐기게 함이다. 그리스도인 공동체는 우리가 하나님이 주신 즐거움을 경험하는 주된 배경이다. 나는 이것이 대담한 주장임을 안다. 다음에 교회에 가서 한번 주위를 둘러 보라. 그러면 그렇게 설득력 있게 느껴지지는 않을 것이다. 하지만 믿음의 눈으로 본다면, 하나님이 주신 즐거움과 사람이 완전하게 되는 수백 가지 방법을 형제와 자매 안에서 볼 것이다.

하나님이 주신 즐거움은
그리스도인 공동체 안에서 완전해진다

요한은 하나님을 즐기라는 초대로 첫 편지를 시작한다. "우리가 보고 들은 바를 너희에게도 전함은 너희로 우리와 사귐이 있게 하려 함이니 우리의 사귐은 아버지와 그의 아들 예수 그리스도와 더불어 누림이라 우리가 이것을 씀은 우리의 기쁨이 충만하게 하려 함이라" (요일 1:3, 4). 요한의 조리법은 무엇인가? 여기 그 재료들이 있다. 첫째, 생명의 말씀을 선포하는 것으로 시작한다(1:1, 2). 둘째, 그리스도인들과의 교제를 더한다. 그들은 첫 사도들이 신약에 기록한 내용을 통해 그 사도들과 연결된 자들이다(1:3, 4). 이제 이 재료들을 한동안 끓게 내버려 두면 완전한 기쁨이라는 결과물이 나온다. 말씀, 공동체, 기쁨이 한데 어우러진다. 우리는 그리스도인 공동체 안에서 성경이 읽히고 선포될 때 기쁨을 경험한다.

　독일 신학자이자 순교자인 디트리히 본회퍼는 말한다. "우리 자신의 마음에 계시는 그리스도는 다른 그리스도인의 말 가운데 계시는 그리스도보다 약하다."[49] 이 말의 의미는 이렇다. 종종 우리 마음이 우리 자신을 정죄할 때가 있다(요일 3:19-22 참조). 아마도 우리가 죄에 떨어졌기 때문일 것이고, 우리가 의심에 전염되었기 때문일 것이다. 우리 이성은 엉망진창이고 우리 마음은 혼란하다. 그때 다른 그리스도인이 말한다. 그것은 일요일 아침 설교자일 수 있다. 친구와 나누는 대화일 수도 있다. 핵심은 그런 말이 당신 바깥에서 온다는 점이다. 이것은 모든 혼란으로 가득한 당신 내면의 독백이 아니다. 오히려 당신 마음에 좋은 소식을 객관적으로 선포하는 말이다.

이는 우리 경험이다. 우리가 하나님이 말씀하신다고 느끼는 대부분의 순간은 다른 그리스도인을 통해 임한다. 물론 당신이 혼자 성경을 읽을 때에도 그러한 경험을 할 수 있다. 하지만 그것보다 다른 사람을 통해서 더욱 자주 발생한다. 우리는 기도 가운데서도 비슷한 동력을 발견한다. 혼자 기도할 때는 더 오래 기도하기 위해 애써야 한다. 하지만 기도 모임에서는 왠지 모르게 서로에게 힘을 공급한다.

본회퍼는 이러한 경험을 우리를 의롭게 만드는 것이 외부로부터 임한다는 개념과 연결한다. 우리 **안에** 있는 어떤 것 때문에 하나님과 바른 관계를 맺는 것이 아니다. 스스로 자신을 하나님 앞에 충분히 선하게 만들 수 없다. 대신 우리를 하나님 앞에서 의롭게 만드는 것은 예수님의 의로움이다. 이 역시 우리 **바깥**에서 온다. 본회퍼는 말한다.

그리스도인은 스스로는 궁핍하고 죽은 자들이다. 따라서 도움은 외부로부터 임해야만 한다. 그리고 이 도움은 예수 그리스도의 말씀 안에서 임해 왔고 날마다 새롭게 임한다. …… 하지만 하나님은 자기 말씀을 인간의 입에 두셔서 다른 이에게 전달되게 하셨다. …… 따라서 그리스도인에게는 하나님의 말씀을 자신에게 전해 주는 다른 그리스도인이 필요하다. 자기 자신만의 자원만으

로는 살아갈 수 없기에 확신이 없고 낙심이 될 때, 다른 그리스도 인이 필요하고 또 필요하다.[50]

당신이 하나님에게 용서받았다는 사실을 알기 위해서 그리스도인 공동체가 필요하지는 않다. 하지만 도움은 된다! 때로 우리 마음이 우리를 정죄할 때, 형제 또는 자매가 말해 준 그리스도의 말씀이 혼란함을 단박에 해결한다.

18세기 라틴 아메리카를 배경으로 한 〈미션〉(The Mission)이라는 영화에서 회개한 노예 상인 멘도사(로버트 드 니로 분)는 속죄의 행위로 폭포에 오른다. 과거의 삶을 상징하는 무기를 등 뒤에 묶은 채로 말이다. 영화는 정상에 닿으려는 그의 절절한 노력을 그린다. 그리고 그가 과거에 괴롭혔던 원주민 하나가 그의 짐이 떨어지도록 밧줄을 끊은 후에야 겨우 해방이 임한다. 하나님에게 용인되었다는 객관적 현실은, 다른 이의 용납을 통해 자유롭게 하는 경험이 된다.

특히 찬양하며 드리는 예배는 하나님 안에서 함께 즐거움을 되찾을 수 있는 특별한 기회다. 우리는 노래하며 진리를 선포한다. 하지만 음악으로 진리를 선포하기 때문에 감정에도 호소력이 있다. 그뿐 아니라 우리 몸 전체가 관여한다. 우리는 일어서고, 폐를 채우고, 어쩌면 손도 든다. 그리고 우리는 함께 노래한다. 이것은 강력한 연대감을 불러일으키는 공동 행위다. 나는 혼자가 아니다. 우리는 하나님의 백성으로서 함께 하나님의 은혜를 즐긴다. 우리가 머리로 알던 진리가 예배를 통해 우리 마음을 계속해서 사로잡는다. 몸과 영혼,

말씀과 음악, 당신과 나, 이 모두가 결합해 하나님 안에서 누리는 기쁨을 준다.

하나님의 사랑은
그리스도인 공동체 안에서 완전해진다

요한은 이어서 말한다. "우리가 그의 계명을 지키면 이로써 우리가 그를 아는 줄로 알 것이요"(요일 2:3). 요한은 여기서 특수한 명령을 염두에 두고 있다. 요한일서 2장 7, 8절에서 그는 새로운 옛 명령에 관해 말한다. 무슨 소리인가? 요한은 "새 계명을 너희에게 주노니 서로 사랑하라 내가 너희를 사랑한 것같이 너희도 서로 사랑하라"(요 13:34)는 예수님의 말씀을 마음에 두고 있다. 이는 사랑하라는 옛 계명이다. 하지만 예수님은 여기에 새롭게 변형을 주셨다. 우리는 예수님처럼 사랑해야 한다. 따라서 요한에게 예수님의 명령에 순종하라는 것은 **"예수님처럼 사랑하라"**고 말하는 또 다른 방식이다.

요한은 세 가지 거짓 주장을 나열한다(요일 2:4, 6, 9). 그것들은 하나님을 안다고 말은 하지만 그리스도인 형제와 자매를 사랑하지 않는 자들의 주장이다. 예를 들어, "그를 아노라 하고 그의 계명을 지키지 아니하는 자는 거짓말하는 자요 진리가 그 속에 있지 아니하되"(2:4)라는 말씀이다. 이것은 부정 명제다. 요한은 각 거짓 주장에 맞서 무언가를 적극적으로 행하도록 격려한다. "누구든지 그의 말씀을 지키는 자", 즉 그리스도인 공동체를 사랑하는 자는 "하나님의 사랑이 참으로 그 속에서 온전하게"(2:5) 된다.

다시 요한일서 1장 4절로 돌아오면, 그리스도의 말씀을 선포할 때 그리스도인 공동체 안에서 **하나님의 기쁨이 완전해진다.** 이제 우리가 서로 사랑할 때 그리스도인 공동체 안에서 **하나님의 사랑이 완전해진다.** 하나님을 향한 사랑은 우리가 형제와 자매를 사랑할 때 온전한 사랑이 된다. 그리고 우리를 향한 하나님의 사랑은 우리가 서로를 사랑할 때 그 참된 목표에 도달한다. 당신 혼자서는 하나님의 사랑을 누릴 수 없다.

따라서 당신은 혼자서 하나님을 사랑할 수 없다! 하나님을 향한 사랑은 다른 사람을 사랑할 때 온전하게 된다. 당신은 그리스도인 공동체의 일원이 되었다. 그 말은 예수님을 알고, 예수님을 따르고, 예수님처럼 산다는 뜻이다(요일 2:3-6 참조).

우리는 사랑받을 때 하나님을 즐긴다

요한일서 4장 12, 13절은 말한다. "어느 때나 하나님을 본 사람이 없으되 만일 우리가 서로 사랑하면 하나님이 우리 안에 거하시고 그의 사랑이 우리 안에 온전히 이루어지느니라 그의 성령을 우리에게 주시므로 우리가 그 안에 거하고 그가 우리 안에 거하시는 줄을 아느니라." 요한의 핵심은 이렇다. 우리는 하나님을 볼 수 없지만 서로를 볼 수는 있다. 따라서 보이는 교회의 사랑 안에서 보이지 않는 하나님의 사랑을 **본다**는 것이다. 하나님의 사랑은 그리스도인 공동체의 생활 안에서 보일 수 있고, 들릴 수 있고, 만질 수 있는 하나의 실재가 된다.

그리고 형제 사랑은 진짜 사랑을 대신하는 초라한 대용품이 아니다. 왜냐하면 형제 사랑이야말로 하나님의 사랑이기 때문이다. 하나님은 다른 그리스도인의 사랑을 **통해서** 우리를 사랑하신다. 물론 하나님은 다른 방식으로도 우리를 사랑하신다. 그 지극한 형태가 그분의 아들을 선물로 주신 것이다. 하지만 우리가 다른 그리스도인에게서 경험하는 사랑도 하나님으로 시작한다.

당신에게 위로의 말을 건네는 형제, 당신에게 케이크를 구워 주는 자매, 당신을 집으로 초대하는 가족, 모두가 하나님의 손과 발이다. 형제가 당신을 안아 줄 때, 그리스도께서 당신을 안아 주는 것이다. 자매가 당신 침상 옆에 앉아 있을 때, 그리스도께서 거기 앉아 계신 것이다. 친구가 당신과 함께 울 때, 그리스도께서 당신과 함께 우시는 것이다.

그리스도인의 사랑은 우리를 향한 하나님의 사랑이 넘쳐흐르는 것이다. "사랑하는 자들아 우리가 서로 사랑하자 사랑은 하나님께 속한 것이니 …… 사랑하는 자들아 하나님이 이같이 우리를 사랑하셨은즉 우리도 서로 사랑하는 것이 마땅하도다"(요일 4:7, 11). 하나님의 사랑이 예수님을 통해 내게 부어진다. 그리고 그 사랑의 일부가 흘러넘쳐 내 형제와 자매에게 흐른다. 이는 분명히 내 안에서 발생하는 것이 아니라 하나님에게서 난 것이다.

우리는 사랑을 베풀 때 하나님을 즐긴다

"우리 주 예수께서 오실 때에, 그분 앞에서, 우리의 희망이나 기쁨이나 자랑할 면류관이 무엇이겠습니까?" 바울은 데살로니가전서 2장 19절(새번역)에서 이렇게 질문을 던진다. 당신은 어떻게 답하겠는가? 바울은 이렇게 답한다. "그것은 여러분이 아니겠습니까? 여러분이야말로 우리의 영광이요, 기쁨입니다"(19, 20절, 새번역). 그는 빌립보에 있는 교회에도 거의 비슷한 말을 한다. 바울은 그들을 "나의 사랑하고 사모하는 형제들, 나의 기쁨이요 면류관인 사랑하는 자들"(빌 4:1)이라고 한다. 당신의 자랑과 기쁨은 무엇인가? 바울의 자랑과 기쁨은 그가 연결된 교회였다.

　　요한도 요한일서 처음에 비슷한 말을 한다. 1장 4절은 이렇다. "우리가 이것을 씀은 **우리의** 기쁨이 충만하게 하려 함이라." 당신은 요한이 "**너희의** 기쁨이 충만하게 하려 함이라"고 말하리라 예상했을 것이다. 물론 그가 편지를 읽는 사람들에게 기쁨을 주기 위해 기록한 것은 분명하다. 그러면 왜 "**우리의** 기쁨"이라고 한 것인가? 요한에게는 "너희의 기쁨"이 "우리의 기쁨"이기 때문이다. 요한의 기쁨은 다른 그리스도인이 기뻐하는 모습을 보는 것이다. 그에게는 사람들이 그리스도를 기뻐하는 일보다 좋은 일이란 없었다. 그리고 이

것이야말로 **온전한** 기쁨이다.

그리스도 안에서 나의 기쁨을 추구하는 일은 자기 파멸적일 수 있다. 그것이 자아실현을 위한 자아 중심적 활동이라면, 기쁨은 당신을 피해 갈 것이다. 심지어 그리스도 안에서 누리는 기쁨이라고 할지라도 말이다. 오히려 당신이 **다른 이의** 기쁨을 추구할 때 우리의 기쁨과 사랑은 온전해진다. 따라서 당신이 기쁨을 찾기 원한다면, 기쁨을 구하는 일은 멈추고 다른 이의 기쁨을 위해 일해야 한다. 기이한 사실은 자신의 기쁨을 추구하면 절대 참으로 기쁠 수 없다는 점이다.

최근 아내는 내게 이렇게 말했다. "당신은 지쳤어요. 사람들이 무언가를 해달라고 하면 한숨을 쉬고 영성 훈련도 계획적으로 하지 않는 것 같아요." 이런! 아내 말이 맞았다. 해야만 하는 모든 일이 짐처럼 느껴졌다. 나를 행복하게 만들어 주는 일을 하려고 해도 잘되지 않았다. 아내의 말은 꺼진 전원을 켠 것 같았다. 아무것도 변하지 않았지만 모든 것이 변했다. 방향을 다른 사람들을 향해 재정비하니 짐처럼 느껴지던 업무들이 기쁨이 되었다.

그리스도인의 경제에서는 주는 것이 이득이다. "번영 복음"에서 내세우는 의미로 말하는 게 아니다. 돈을 내면 은행 잔고가 두둑해진다고 말하는 것도 아니다. 그러한 거짓말은 이 땅의 보배를 더 많이 얻기 위해서 이 땅의 보배를 포기하라는 제안일 뿐이다. 하지만 실상은 우리에게서 진정한 기쁨을 빼앗는 이기심을 강화한다.

하지만 우리 자신을 포기할 때 자신을 발견한다는 것이 진리다.

우리 문제는 철저한 그리스도인이 되기를 원하면서도 편안한 삶을 누리기 원한다는 것이다. 우리는 그리스도를 위해 **모든 것을 드리기** 원하는 동시에 이 삶이 주는 **모든 것을 소유하기** 바란다. 우리는 세상에 그리스도의 이야기를 하기 바라면서도 또래들이 자신을 좋아해 주기 바란다. 우리는 예수님처럼 성장하기를 원하면서도 이 세상의 즐거움을 향유하기 바란다. 하지만 이러한 두 마음은 제대로 작동할 수 없다. 쾌락을 추구하는 사람은 곧 사는 게 시들해진다. 높은 성취를 이루려는 자들도 안전하지 않다. 예수님은 말씀하셨다.

> 무리와 제자들을 불러 이르시되 누구든지 나를 따라오려거든 자기를 부인하고 자기 십자가를 지고 나를 따를 것이니라 누구든지 자기 목숨을 구원하고자 하면 잃을 것이요 누구든지 나와 복음을 위하여 자기 목숨을 잃으면 구원하리라 사람이 만일 온 천하를 얻고도 자기 목숨을 잃으면 무엇이 유익하리요(막 8:34-36).

부유하고 풍성한 삶, 즉 영원이 빛을 드리우기 시작하는 그런 삶을 얻기 바란다면, 우리는 자신을 버리고 십자가의 희생적 사랑을 보여야 한다.

한 가지 사고 실험을 해보자. 당신이 아는 그리스도인 중 자신의 필요와 욕망에 가장 사로잡혀 있는 사람들을 생각해 보라. 그리고 가장 행복하지 않게 보이는 그리스도인들도 생각해 보라. 나는 당신이 생각하는 사람들이 많이 겹치리라 생각한다. 그러면 이제 당신이 아는 그리스도인 중 다른 사람을 많이 사랑하는 사람들을 나열해 보라. 나는 당신이 아는 가장 행복해 보이는 그리스도인 중 그들도 있으리라 생각한다. 직관에 반하지만, 다른 사람을 사랑하기 위해 자신을 부인할수록 큰 기쁨을 경험하게 된다.

당신이 또래 또는 관심이 비슷한 사람과 어울리는 것은 당연하다. 하지만 그리스도를 닮은 사랑의 특징은 인종과 사회적 수준의 격차를 뛰어넘는다. 그러므로 교회 사람들을 사랑하라. 그저 일종의 의무처럼 그들을 섬기는 데 멈추지 말라. 그들을 즐기라. 그들과 시간을 보내라. 그들과 공동체를 구축하라. 당신이 속한 그리스도인 공동체를 사랑하면 깊고도 오래가는 상급이 있을 것이다.

요한일서 2장 8절은 놀라운 말을 한다. 하지만 놓치기가 쉽다. "다시 내가 너희에게 새 계명을 쓰노니 그에게와 **너희에게도** 참된 것이라 이는 어둠이 지나가고 참 빛이 벌써 비침이니라." 예수님 안에서 보이는, 특징적인 그리스도인의 사랑이 **너희에게도** 보인다는 말이다. 당신 교회는 온갖 종류의 문제와 실패로 가득할지 모른다. 그리고 그런 현상이 아주 일상적으로 보일지 모른다. 하지만 잠시 그 너머를 보라. 요한의 시선으로 당신의 공동체를 보라. 그는 새로운 세대의 빛이 당신의 공동체 안에 형성되는 모습을 본다(2:9-11 참조). 우리는 새로운 피조 세계의 원형이다. 미래가 역사를 뚫고 들어와 당신이 속한 그리스도인 공동체 안에서 나타난다. 우리가 살아가는 도시와 마을은 영적 어둠에 잠긴 곳이다. 하지만 새로운 교회가 시작될 때마다 하나님이 거기에 불을 켜시는 것과 같다. 그리고 그리스도인의 사랑을 통해 빛이 비친다.

우리 교회에 어떤 두 남자가 있는데, 그들이 아주 친근하게 대화하는 주제가 있다. 바로 그중 한 분이 최근에 집을 구매하면서 두 사람이 함께 집을 보수했던 때의 이야기다. 남자는 그런 식인 것 같다. 얼굴을 맞대고 감정을 공유하지는 않는다. 오히려 함께 걷고, 함께 놀고, 함께 섬길 때 유대감이 가장 잘 생긴다. 예수님도 마찬가지다. 우리는 예수님과 함께 섬길 때 예수님과 가까워지는 느낌을 받는다. 거꾸로인 하나님 나라의 세상에서는,

- 자신을 잃음으로써 자신을 발견한다.
- 가장 많이 베풀 때, 가장 많이 얻는다.
- 자신을 부정할 때, 성취를 경험한다.
- 다른 이의 행복을 추구할 때, 가장 행복하다.

당신이 속한 그리스도인 공동체는 당신이 하나님을 즐기도록 어떻게 도울 수 있는가? 또 당신은 다른 이가 하나님을 즐기도록 어떻게 도울 수 있는가? 여기 몇 가지 제안이 있다.

1. **일대일로 함께 기도할 사람을 찾으라.** 모든 사람에게 당신의 어려움을 이야기할 필요는 없다. 하지만 솔직하게 터놓을 수 있는 사람이 한 명만 있어도 그렇지 않은 것과 어마어마한 차이가 있다. 터놓고 이야기할 수 있을 정도로 당신을 사랑해 줄 사람을 찾으라. "사랑으로 진리를 말하[는]"(엡 4:15, 새번역) 사람 말이다. 그들이 하는 말을 그리스도께서 직접 주시는 메시지로 받으라. 그리고 당신 역시 그들에게 사랑으로 진리를 말하기를 잊지 말라.

2. **사람들이 당신을 위해 노래하게 하라.** 내가 가끔 즐기는 일이 있다. 즉 함께 찬양하다가 잠시 멈추고 오직 나를 위해 부르는 노래라고 생각하며 듣는 것이다. 매우 의미 있는 순간이 될 수 있다. 가사의 모든 진리가 음악의 힘과 어우러져 내 마음을 향

한다. 이런! 물론 모두 한 번에 그렇게 할 수는 없다. 그렇다면 아무도 노래하지 않을 것이다. 하지만 때때로 그렇게 해 보라. 당신이 앞쪽에 앉는다면 사람들이 대부분 당신 방향으로 노래하기 때문에 더 도움이 된다. 당신에게 밀려오는 소리의 벽이 당신의 감정을 불러일으킬 것이다.

3. **성찬식 때, 사람들을 보라.** 사람들은 종종 성찬식을 나와 하나님 사이의 사적인 순간으로 만든다. 하지만 성찬식은 공동으로 하는 행위다. "떡이 하나요 많은 우리가 한 몸이니 이는 우리가 다 한 떡에 참여함이라"(고전 10:17). 따라서 떡과 잔을 받을 때, 형제와 자매를 바라보라. 그들의 삶에 주신 하나님의 은혜를 숙고하라. 이 다양한 사람이 복음을 통해 가족이 되어 여기 함께 있다는 사실이 얼마나 아름다운지 생각하라.

4. **식사에 초대하라.** 예수님은 사역의 많은 부분을 사람들과 식사하는 데 할애하셨다. 이것이 바로 예수님이 사람들과 유대감을 갖고 사역하신 방법이다. 예수님은 죄인들과 함께 먹으심으로 그들을 향한 하나님의 은혜를 강력하게 구현하셨다. 그리고 우리 역시 식사 자리에서 사람들에게 은혜를 구현할 수 있다. 식사는 우정을 표하는 방법이다. 당신이 처한 상황에서 누군가를 초대하기 어렵다면 음료를 들고 밖으로 가거나 소풍을 떠나라. 식사는 공동체에서 살아가기 위한 최고의 첫걸음이다.[51]

실천 사항

교회의 누군가에게 함께 식사하기를 제안하라.

마이크와 엠마의 월요일 아침

"집이 지저분해서 미안해요." 아만다가 말했다. 엠마가 웃었다. 아만다의 집은 언제나 지저분하다. 엠마는 의자에서 탁자로 빨랫감을 한 무더기 옮기고 앉았다. 아만다는 진한 차 한 잔을 내왔다. 엠마는 아만다가 혼돈과 어떻게 싸우고 있는지 모른다.

하지만 아만다는 무슨 일이 있어도 매주 함께하는 시간을 빼먹지 않았다. 아만다는 지난 몇 년간 대단한 격려가 되어 왔다. 지난주에 있었던 일을 이야기하고 함께 기도하며 눈물을 공유하면 정말 큰 도움이 됐다. 로지가 죽으면서 엠마는 하나님의 사랑을 의심하게 되는 순간이 있었다. 하지만 어떻게든 아만다와 시간을 보내다 보니 하나님의 사랑이 더 확실하게 느껴졌다.

"당신은 말 그대로 하나님이 제게 보내신 사람이에요." 엠마의 말에 아만다는 새삼스럽다는 듯이 눈썹을 치켜올렸다. 엠마는 설명했다. "하루가 시작부터 그렇게 좋지는 않네요. 그렇지만 여기서 함께 차 한 잔을 나눌 수 있다니 하나님이 주신 작은 선물 같아요." "저요, 아니면 차요? 뭐가 하나님이 주신 선물이에요?" 엠마는 웃는다. "둘

다요. 당연히 둘 다죠."

> **❓ 생각할 질문**
>
> • 11장은 성경을 읽으며 기도하라는 도전으로 마무리됐다. 어떠했는가?
>
> • 언제 다른 그리스도인이 한 말이 당신에게 강력한 영향을 끼쳤는가? 또 언제 그리스도인의 친절함을 통해 하나님의 사랑을 경험했는가?
>
> • 언제 이기적인 행복 추구는 자기 파멸적이라는 사실을 깨달았는가?
>
> • 당신이 아는 그리스도인 중 자기 자신, 욕망, 지위에 가장 집착하는 사람을 떠올려 보라. 그리고 당신이 아는 그리스도인 중 남을 섬기는 일과 하나님의 영광에 가장 몰두하고 있는 사람을 떠올려 보라. 누가 행복해 보이는가?
>
> • 그리스도인의 경제에서는 주는 것이 얻는 것이다. 당신은 무엇을 줄 수 있는가?

13장

매일의 회개와 믿음에서 우리는 하나님의 자유를 즐길 수 있다

In daily repentance and faith we can enjoy God's freedom

인간관계를 생각해 보자. 당신이 누군가를 낙심하게 했을 때 어떤 일이 생기는지 생각해 보라. 그리고 그런 일이 있은 후에는 어떻게 관계를 회복하는가? 당신은 어떨지 모르지만, 나는 그들을 다시 볼 생각을 하지 않는 편이다. 만날 생각을 하면 당황스럽고 수치스럽다. 그들이 나를 어떻게 대할지 걱정된다. 그래서 할 수 있다면 나는 피하는 편을 택한다.

아니면 정반대의 경험을 했을 수도 있다. 즉 화해의 경험이다. 관계는 악화되었고, 당신은 관계가 깨지면서 고통을 느꼈다. 그러다가 마침내 당신이 자존감을 내려놓고 이렇게 말했다. "미안해." 그랬더니 그 사람도 당신을 용서했고 관계가 회복되었다. 종종 이러한 경험은 마냥 행복한 느낌을 준다. 즉 잃었던 모든 것이 회복된 느낌 말이다.

하나님과 우리 관계도 비슷하게 작동한다. 우리가 죄를 저질러 하나님을 낙심케 하면 그 관계가 망가진 것처럼 느껴진다. 하지만 실제로 망가진 것은 아니다. 하나님은 여전히 우리를 사랑하신다. 이것이야말로 우리가 반드시 기억해야 할 필수적인 진리다. 하지만 우리는 그 관계가 망가진 것처럼 **느낀다**. 우리는 수치심을 느끼며 하나님과 거리를 유지하고 싶어한다. 하지만 놀라운 진리는, 우리가 회개하며 하나님에게 다시 돌아가기만 하면 하나님을 다시 즐거워할 수 있다는 사실이다.

하나님을 즐기는 삶을 깊이 생각해 보니, 내가 하나님을 더 즐기지 못하는 첫 번째 이유가 있었다. 즉 충분하지 않은 회개다.

문제는 내가 죄를 저지른 것이 **아니다.** 죄 자체는 우리를 하나님에게서 멀어지게 하지 못한다. 하나님은 은혜로우셔서 예수님의 사역을 통해 회복의 방편을 주셨기 때문이다. 따라서 죄 자체는 하나님을 즐기는 삶을 막지 못한다. 다만 문제는 다음 두 가지다.

- 하나님보다 죄를 선호하기 때문에 하나님에게서 거리를 유지한다. **또는**
- 수치심을 느끼기 때문에 하나님에게서 거리를 유지한다.

그리고 이 두 경우 모두 해답은 회개다.

회개는 재미있게 들리지 않는다. 당신이 잘못했음을 인정하고 죄의 즐거움에 "아니"라고 말하는 일을 수반하기 때문이다. 하지만 회개를 하나님을 즐거워함으로 나아가는 관문으로 생각하라. 때로는 그 문을 지나가기가 꽉 조이고 힘들 수 있다. 하지만 그 반대편은 넓게 펼쳐진 터로서 빛과 사랑으로 가득하다.

행복의 비결

시편 32편에서 다윗은 회개의 관문을 통과하여 하나님의 사랑이라는 유원지로 나간 자신을 따라오라고 권한다. 그는 몇 가지 지혜로운 말로 시작한다.

> 허물의 사함을 받고 자신의 죄가 가려진 자는 복이 있도다 마음에 간사함이 없고 여호와께 정죄를 당하지 아니하는 자는 복이 있도다(시 32:1, 2).

여기 행복의 비결이 있다. 누가 복이 있는 자, 즉 행복한 자인가? 죄로부터 자유로운 자가 **아니다.** 그런 사람은 존재하지 않는다. "죄를 저지르지 않은 자는 복이 있도다"라는 말은 좋은 소식이 아니다. 그런 말은 오히려 우리를 짓누를 뿐이다. 물론 우리는 서로에게 순종하자고 권할 수는 있다. 하지만 이 시편이 말하는 좋은 소식은 하나님의 복을 즐기려면 높은 수준의 경건함을 이룰 때까지 기다려야만 한다는 것이 아니다. 하나님을 즐기는 삶이 우리가 성취해야 하는 무언가가 **절대로 아니다.** 그리스도 안에서 하나님이 우리에게 주신 선물이다. 복된 삶은 **지금** 당신에게 열려 있다. 비결은 완전함이 아니다. 용서다.

1-2절에는 화해에 관한 세 가지 표현이 있다. 첫째, 우리 죄는 "사함을"(시 32:1) 받는다. 즉 죄가 사라진다는 것이다. 시편 103편 12절은 말한다. "동이 서에서 먼 것같이 우리 죄과를 우리에게서 멀리 옮기셨으며." 이는 놀라운 심상이다. 동과 서는 서로에게서 점점 멀어져 가기만 할 뿐이기 때문이다. 구약을 보면 속죄일에 두 마리 염소를 선정한다. 한 마리는 죄의 형벌에 대한 대속 제물로 드려진다. 그리고 다른 한 마리는 사람들이 죄를 그 머리에 고백하고 진영에서 끌고 나간다(레 16:8-10 참조). 우리 죄는 전가되어 지평선 너머로 사라진다는 강력한 그림이다.

둘째, 우리 죄는 "가려진[다]"(시 32:1). 아담과 하와는 하나님에게 반역한 후에 벌거벗었음을 깨닫고 수치심을 느낀다. 그래서 하나님[에게서] 숨는다. 내 경험으로도 그렇다. 죄를 저지르면 나는 하나님으로부터 숨었다. 죄를 지으면 언제나 가장 먼저 기도드리기가 망설여진다. 하지만 하나님은 동물의 가죽으로 아담과 하와에게 옷을 지어 주신다(창 3:21 참조). 자신의 아들을 희생 제물 삼으셔서 우리 수치를 가려 주신다는 사실을 보여 주는 그림이다. 그래서 우리는 죄를 저질렀을 때도, 하나님 아들의 의로움으로 옷 입기 때문에 자신 있게 하나님 앞에 나아갈 수 있다.

셋째, 주님은 우리 죄를 계수하지 않으신다(시 32:2 참조). 바울은 로마서 4장 6-8절에서 이 구절을 인용한다. 바울의 요점은 우리가 하나님을 믿으면 하나님이 더 이상 우리 죄를 계수하지 않으시고 오히려 우리를 그리스도 안에서 의롭게 여기신다는 사실이다. 우리 죄는 그리스도께 넘겨졌고, 그리스도는 십자가에서 죄를 담당하셨다. 그리고 오히려 그리스도의 의가 우리에게 넘겨진다.

이것이 회개하며 하나님에게 돌아서는 이가 경험하는 내용이다. 그렇다면 문제는 무엇인가? 우리는 왜 이 행복을 더 경험하지 못하는가?

자백하지 않은 죄는
우리가 하나님을 즐기지 못하게 막는다

다윗은 기쁨을 잃었던 자신의 경험을 다음과 같이 묘사한다.

> 내가 입을 열지 아니할 때에 종일 신음하므로 내 뼈가 쇠하였도다 주의 손이 주야로 나를 누르시오니 내 진액이 빠져서 여름 가뭄에 마름같이 되었나이다(시 32:3, 4).

그가 기쁨을 상실했다는 것이 "내가 입을 열지 아니할 때에"(3절) 라는 말에 다 들어 있다. 다윗은 자신의 죄를 인정하지 않고 오히려 덮으려고 했다(5절과의 대조로 분명히 밝히듯이). 그는 위기를 모면하고자 했다. 죄를 슬쩍 감추려고 했다.

당신은 다른 사람에게서 당신의 죄를 가리는 일에 전문가일지 모른다. 하지만 그렇게 한다고 기쁨이 생기지는 않는다. 당신은 죄가 노출되면 재앙이 되리라 생각한다. 하지만 은폐한다고 해서 당신이 행복해지는 것도 아니다. 오히려 우리는 깊은 불안감에 사로잡힌다. 회개를 늦춤으로써 우리는 하나님의 사랑과 생명에서 물러나게 된다. 우리의 불안감은 심지어 몸을 잠식할 수도 있다. 다윗은 뼈가 쇠한다고 한다. 오늘날 우리는 심신증에 관해 이야기한다. 하지만 성경을 읽는 사람이라면 영적 상태가 신체 건강에 영향을 끼칠 수 있다는 사실을 언제나 알았다.

하나님은 이 상황에서 수동적으로 머물러 계시지 않는다. 하나님은 우리를 내버려 두시지 않는데, 말하자면 냉대하지 않으신다는 말이다. 그분은 사랑으로 우리를 추구하신다. 다윗은 "주의 손이 주야로 나를 누르시오니"(4절)라고 말한다. 때로 하나님은 우리에게 고통을 더하시지만, 그분의 목적은 언제나 우리를 다시 더 큰 기쁨으로 되돌리시는 것이다. 당신이 불행하다면 하나님이 당신에게 하나님 안에서 행복을 찾으라고 부르시는 것일 수 있다.

내 생각에 대부분은 우리가 죄인이라는 사실을 기꺼이 인정한다. 우리는 주일마다 교회에서 자백 기도에 동참한다. 그러면 문제는 무엇인가? 아마 그 핵심은 2절의 "간사함"일 것이다. 2절은 복 있는 사람은 "마음에 간사함이 없고"라고 한다. 3, 4절은 마음에 간사함이 있는 사람을 묘사한다. 우리가 참된 회개를 피할 때 사용하는 세 가지 "꾀"가 있다.

1. **죄를 최소화한다.** 다윗은 문제가 **죄책감**이라고 하지 않는다. 문제는 죄책이다. 그것은 객관적 사실이다. 그는 5절에서 "내 죄악"이라고 한다. 나의 죄는 잘못된 것이다. 그리고 작은 것도 아니다. 사소한 실수가 아니다. 그것은 하나님을 권좌에서 몰아내려는 시도다.

2. **죄에 핑계를 댄다.** "내가 잘못했지, 그렇지만……." 우리는 그럴 수밖에 없었다고 상황을 탓한다. "나는 스트레스를 너무 많이 받고 있었어 …… 유혹이 너무나 강했어……." 우리는 호르몬이나 가족력이나 환경 때문에 그렇게 했다고 한다. 그리고 하나님이 이 상황이 발생하도록 내버려 두신 것이기 때문에 사실은 하나님의 잘못이라고 주장한다.

3. **유혹에 탐닉한다.** 성경은 우리에게 유혹을 "피하[라]"(딤전 6:11)고 말한다. 당신은 유혹을 접할 때마다 반대 방향으로 달아나야 한다. 하지만 나는 이렇게 할 때가 있다. 유혹에 "좋다"고 하지는 않지만, 그렇다고 "싫다"고 하지도 않는다. 그러면서 그 생각에 탐닉한다. 결정적으로 거절하는 일을 최대한 늦춘다. 그렇게 양쪽에 모두 다리를 걸치는 것이다. 하지만 당신이 이

렇게 하나님을 은근히 거부하고 있다면 기도 가운데 하나님 앞에 나아가기란 매우 어려운 일이다.

우리가 죄를 최소화하거나, 죄에 핑계를 대거나, 유혹에 탐닉하지 말아야 할 이유는 충분하다. 신학적으로 이치에 맞지 않는 이유도 차고 넘친다. 하지만 시편에서 제시된 이유에만 집중하도록 하자. 그렇게 하면 불행하기 때문이다. 당신은 종일 신음하고(3절), 기력이 쇠한다(4절). 당신이 하나님을 즐기지 못하도록 막기 때문이다. 즉 당신을 그분의 생명과 능력과 사랑에서 막기 때문이다.

죄 자백은 우리를 회복시켜 다시 하나님을 즐기게 한다

그렇게 하는 유일하고, 참되고, 영원한 해결책은 죄를 자복하고 아뢰는 것이다.

> 내가 이르기를 내 허물을 여호와께 자복하리라 하고 주께 내 죄를 아뢰고 내 죄악을 숨기지 아니하였더니 곧 주께서 내 죄악을 사하셨나이다(시 32:5).

이 구절에서 충격적인 것은 자복과 사함 사이에 공백이 없다는 점이다. 지연이라고는 전혀 없다. 필요조건도 없다. 다윗은 죄를 자복하는 순간 하나님에게 사함을 받았다.

하나님을 새롭게 기뻐하게 된 다윗의 이 경험이, 하나님을 새롭게 기뻐하는 **당신의** 경험이 될 수 있다. 당신은 숨겨진 죄의 무게 아래 신음하고 있을 수도 있고, 수년간 유혹에 탐닉해 왔을 수도 있다. 그렇지만 오늘 그것을 용서받을 수 있다. 말하자면 한 절에 해당하는 공간 만에 깨끗이 씻길 수 있다는 뜻이다. 그렇게 하기 위해 필요한 것이라고는 참된 자복이라는 한 가지 행동이 전부다. 다윗은 자기 경험을 모든 하나님의 백성에게 권한다.

> 이로 말미암아 모든 경건한 자는 주를 만날 기회를 얻어서 주께 기도할지라 진실로 홍수가 범람할지라도 그에게 미치지 못하리이다 주는 나의 은신처이오니 환난에서 나를 보호하시고 구원의 노래로 나를 두르시리이다(시 32:6, 7).

다윗은 "홍수"(6절)가 범람할지라도 안전하다고 말한다. 이 단어는 노아 홍수를 생각나게 한다. 그때 물은 하나님의 심판을 상징했다(창 6-9장 참조). 우리는 출애굽기 14장에서 이스라엘 백성은 홍해를 지나 안전하지만, 애굽 군대는 홍수로 심판을 받는다는 동일한 심상을 다시 접한다. 그 결과 이스라엘 백성은 출애굽기 15장에서 구원의 노래를 부른다. 다윗이 7절에서 했듯이 말이다. 우리는 죄를 자복하고 용서받음으로 하나님 백성의 더 큰 이야기에 참여한다. 당신도 노아가 홍수를 피하며 경험했던 바를 지금 경험할 수 있고, 이스라엘이 홍해를 건너며 경험했던 바를 지금 경험할 수 있으며, 모든 하나님의 백성이 죽어서 그리스도 안에서 다시 살아나며 경험했던 바를 지금 경험할 수 있다. 우리는 그리스도 안에서 하나님의 심판을 지나 그분의 사랑 왕국으로 입성한다.

당신이 배우자와 말다툼을 했다고 하자. 당신은 소리를 질렀다. 그리고 집을 뛰쳐나왔다. 문을 쾅 닫았다. 출근하면서 배우자와 나눈 대화를 되새길수록 기분은 나빠진다. 하지만 감정은 사그라들고, 당신에게도 일부 잘못이 있다는 점을 깨닫는다. 일부였는가? 아니다. 내 잘못이 대부분이다. 당신은 이기적이고, 교만하고, 자기 의로 가득하다. 그래서 당신은 지금 어떻게 느끼고 있는가? 당신의 배우자는 당신을 잘 용서해 왔다. 하지만 당신은 여전히 배우자가 욕구 불만을 터뜨렸다거나 당신을 쌀쌀맞게 대한 게 아니었는지 생각한다. 하루가 끝날 즈음 당신은 마지못해 집으로 향한다. 배우자가 그 일을 다 잊었기를 바라지만 그럴 리 없다. 집에 들어서며 짐짓 별일 없었다는 듯이 반갑게 인사를 건넨다. 하지만 배우자의 눈을 바라보지는 못한다. 시답잖은 이야기를 나누지만, 그 안에는 긴장감이 느껴진다. 당신은 허세 부리며 그 상황을 벗어나고 싶은 유혹을 받는다. 즉 방에 있는 코끼리가 알아서 밖으로 나갈 때까지 무시하는 것이다. 하지만 그렇게 하자니 괴롭다. 이제 단 하나의 해결책만 남았다. "아침에 했던 말 정말 미안해." 그러면 어떻게 되는가? 보통은 용서가 있고, 그 후에는 서로를 향한 새로운 애정이 생긴다.

하나님과 나 사이에 보통 있는 일을 보자. 나는 내 마음을 우선시

함으로 하나님에게 죄를 저지른다. 나는 하나님이 은혜로우신 분이고, 그리스도께서 이 특정한 죄를 포함한 내 모든 죄를 위해 죽으심을 안다. 하지만 기도하기가 꺼려진다. 말하자면 하나님과 거리를 두는 것이다. 그리고 수치를 느낀다. 그 결과는? 비참함이다. 그래서 결국 교만함은 꺾이고, 두려움을 극복하며 하나님에게 돌아간다. "죄송합니다. 아버지, 제가 잘못한 것들에는 변명의 여지가 없습니다. 감사하지 못하고 순종하지 못했습니다. 저를 용서해 주세요. 하나님의 약속과 자비, 예수님이 흘리신 피를 기억해 주세요." 그 결과는? 새로운 기쁨이 몰려오고 하나님의 놀라운 은혜를 새롭게 인지하게 된다.

하나님을 즐기라는 초대

노새같이 고집부리지 말라. 다윗이 9절에서 하는 권고가 그러하다.

> 너희는 무지한 말이나 노새같이 되지 말지어다 그것들은 재갈과 굴레로 단속하지 아니하면 너희에게 가까이 가지 아니하리로다 (시 32:9).

실패를 인정하지 못할 정도로 교만하지 말라. 당신 죄를 고백하지 못할 정도로 수치스러워하지 말라. 거리를 두지 말라. 오히려 기꺼이, 자유롭게, 기쁜 마음으로 하나님에게 나오라.

하나님은 당신이 죄를 지을 때도 서먹서먹하게 구는 분이 아니시다. 그분은 당신이 충분히 고통을 당할 때까지 멀찍이 계시다가 죄를 용서하는 분이 아니시다. 그리스도는 이미 당신의 죗값을 전부 치르셨다. 당신이 지금 생각하고 있는 바로 그 죄까지 포함해서 말이다. 죄는 사해지고 가려졌다(1절 참조).

하나님이 멀게 느껴진다면, **그분이** 접근하지 못하도록 **당신이** 막았기 때문이다. 아마도 당신은 유혹을 즐겼을 테고, 그렇게 하면서 당신의 마음은 나뉘었을 것이다. 아마도 당신은 수치심 가운데 숨어 있을 것이다. 하지만 전혀 그럴 필요 없다. 하나님은 한결같은 사랑으로 당신을 품으실 준비가 되어 계시다. 예수님이 라오디게아 교회에 하시는 말씀을 들으라.

> 무릇 내가 사랑하는 자를 책망하여 징계하노니 그러므로 네가 열심을 내라 회개하라 볼지어다 내가 문밖에 서서 두드리노니 누구든지 내 음성을 듣고 문을 열면 내가 그에게로 들어가 그와 더불어 먹고 그는 나와 더불어 먹으리라(계 3:19, 20).

이 말씀은 종종 믿지 않는 자들에게 "예수님을 당신 마음에 들이라"는 초대의 말로 사용된다. 하지만 실제로는 믿는 자들에게 하신 말씀이다. 예수님은 문밖에서 두드리고 계신다. 그분은 들어와 당신과 함께 식사하고 싶어 하신다. 다른 말로 하면 그분은 당신이 그분과의 관계를 즐기기 바라신다. 그분과 거리를 두지 말라.

지속적인 회개란 무엇인지 네 가지를 제안하려고 한다. 이를 "회개 훈련"이라고 하자.

1. **모든 죄를 회개하라.** 죄를 저지르면 즉시 하나님에게 "잘못했습니다"라고 말하라. 내버려 두지 말라. 바로 처리하라. 그리고 동시에 그 죄를 확실히 거부하라. 어쩌면 미래에도 이 죄를 즐길 수 있지 않을까 하는 생각을 절대로 하지 말라.

2. **모든 유혹에 회개하라.** 유혹은 죄가 아니다. 히브리서는 예수님이 유혹받으셨지만 죄는 저지르지 않으셨다고 전한다(히 4:15 참조). 하지만 우리는 유혹에서 달아나야 한다. "회개"라는 단어는 "돌아섬"을 의미한다. 죄에서 돌아서 하나님을 향하는 것이다. 하지만 유혹에서 돌아서 하나님을 향하는 것도 수반한다. 죄가 우리를 부른다고 느낄 때마다 결단력 있게 "아니"라고 말해야 한다. 따라서 유혹을 받을 때마다 적극적으로 죄를 거부할 것을 권한다. 그 순간 죄에 대해 아니라고 말하고 예수님에게는 그렇다고 말하라. 할 수 있다면 큰 소리로 말하라. 그리고 즉시 기도드리라. 그런 후에는 반대 방향으로 돌아서서 달려가라. 유혹에서 달아나라.

3. **매일 회개하라.** 날마다 지난 24시간을 돌아보며 당신이 인식

하는 모든 죄를 회개할 수 있는 시간을 정기적으로 확보하라. 가장 쉬운 방법은 날마다 성경 읽고 기도하는 시간에 회개하는 시간도 포함하는 것이다. 성령께 당신 죄를 드러나게 해달라고 구하라. 그렇게 하는 목적은 자신에게 기분 상하라는 것이 아니다. 오히려 정반대다. 그 목표는 3, 4절의 탄식을 1, 2절의 행복으로 대체하는 것이다.

4. **매주 회개하라.** 교회에 자복 기도 시간이 있다면 그 시간을 소중히 여기고 활용하라. 나는 보통 사무실로 가는 길에 기도한다. 내리막길이 먼저 나오는데, 그때는 죄를 고백한다. 그런 후에 모서리를 돌아 나무 사이를 지나 언덕을 오르는 길이 나오면, 다음 주 아침 예배 시간에 있을 전체 자복 기도 시간을 기대한다. 나는 하나님이 나를 용서해 주셨음을 안다. 하지만 여전히 그리스도인 공동체 가운데서 하나님이 용서해 주신다는 확언의 말씀을 듣고 싶다.

당신이 하나님을 어떻게 바라보느냐에 따라 다음 결과가 달려 있다. 당신은 죄의 쾌락을 즐길지, 하나님을 즐길지 선택할 수 있다. 당신은 두려움에 숨을 수도 있고, 자백하며 하나님에게 나아올 수도 있다. 당신의 선택은 당신이 하나님을 바라보는 시각을 드러낸다. 미국의 저자이자 목회자 A. W. 토저는 이렇게 말했다. "우리가 한 사람에게서 다음 질문, 즉 '하나님을 생각할 때 어떤 마음이 듭니까?'

에 대한 답변을 온전히 받아 낼 수만 있다면, 아마도 그 사람의 영적 미래를 확실하게 예측할 수 있을 것이다."[52]

이 시편의 핵심 구절은 10절이다. "여호와를 신뢰하는 자에게는 인자하심이 두르리로다." 그분의 사랑이 한결같으며, 그 사랑이 당신을 두르고 있다는 사실을 인지하지 못한다면 당신은 하나님을 향할 수 없다. 이 시편은 우리에게 아버지의 사랑을 두르라고 권한다.

당신이 하나님을 엄격한 심판관이나 잔인한 왕으로 본다면 거리를 유지하게 될 것이다. 당연히 당신은 그렇게 할 수밖에 없다. 에덴동산에서 사탄은 하나님을 폭군처럼 묘사한다. 그리고 인류는 그 이후로 하나님에게서 숨었다.

하지만 예수님은 하나님이 사랑하는 아버지임을 드러내신다. 우리는 이제 삼위일체로 시작했던 출발 지점으로 다시 돌아왔다. 성자 하나님이신 예수님은 우리가 아들 됨의 경험을 공유하게 하신다. 아버지는 아들 안에 있는 자들을 자기 아들에게 품으신 사랑과 동일한 사랑으로 사랑하신다. 장 칼뱅은 말한다. "하나님이 아버지로서 베푸시는 사랑을 맛보고 그 보답으로 하나님을 사랑하고 예배하는 자가 아니라면, 하나님을 섬기는 일에 자신을 자유롭고 기꺼이 바칠 수 없다."[53]

하나님이 당신을 사랑하시는 이유는 무엇인가? 우리 본능은 종종 그 답을 우리 안에서 찾고자 한다. 우리는 교만해서 어떤 식으로든 우리가 하나님의 사랑을 받을 자격이 있다고 생각하고 싶어 한다. 하지만 내면을 돌아보면 결국 죄만 발견할 뿐이다. 내면을 바라보면 깊은 불안정을 초래한다. 왜냐하면 우리 내면은 추하기 때문이다. 우리는 하나님이 우리를 사랑하지 **않아야** 할 이유만 찾을 뿐이다. 그렇기 때문에 우리는 그리스도와 십자가를 바라봐야 한다. "우리가 아직 죄인 되었을 때에 그리스도께서 우리를 위하여 죽으심으로 하나님께서 우리에 대한 자기의 사랑을 확증하셨느니라"(롬 5:8).

결론은 이것이다. "너희 의인들아 여호와를 기뻐하며 즐거워할지어다 마음이 정직한 너희들아 다 즐거이 외칠지어다"(시 32:11). 시편은 세 가지 명령으로 마무리된다. "기뻐하라, 즐거워하라, 즐거이 외쳐라." 이것은 행복한 명령이다! 찰스 웨슬리는 이 시편에 기초해 찬송곡을 썼는데, 제목이 〈예수, 내 영혼의 사랑〉(Jesus, lover of my soul, 새찬송가 338장 [번역 제목: 비바람이 칠 때와])이다. 마지막 가사는 이렇다.

나의 죄를 사하는

주의 은혜 크도다

생명수로 고치사

나를 성케하소서

생명수는 예수니

마시게 하시옵고

샘물처럼 내 맘에

솟아나게 하소서

이번 주는 날마다 죄를 분별하고, 자백하고, 거부하는 일에 시간을 할애하라. 그러면서 자신에게 네 가지 질문을 하라.

1. **나는 어떤 변명을 하고 있는가?** 많은 사람이 삶에 나타나는 죄의 현상을 증오한다. 그러한 현상으로는 수치심이나 관계의 파탄 등이 있다. 하지만 우리는 여전히 죄 그 자체는 사랑한다. 그래서 가정 교육이나 다른 사람 또는 환경을 비난한다. 그렇게 하면 우리 죄는 건드리지 않고 넘어갈 수 있기 때문이다. 하지만 당신이 죄를 죽이지 않으면 그 죄가 당신을 죽일 것이다.

2. **어떻게 유혹에서 벗어날 수 있는가?** "내가 해도 되는 건 무엇인가?" 또는 "어떻게 하면 이 상황을 모면할 수 있는가?"라고 묻지 말라. 자신에게 "나는 얼마나 멀리 달아날 수 있는가?"라고 물으라. 어떻게 하면 잘못된 방식으로 생각하도록 조장하는 일을 피할 수 있는가? 어떻게 해야 유혹을 받을지 모르는 상황을 피할 수 있는가?

3. **나는 어떻게 그 대신 하나님을 받아들일 수 있는가?** 하나님은 어떻게 당신의 죄보다 많은 것을 제공하시는가? 어떻게 해야 죄를 사랑하는 마음보다 예수님을 사랑하는 마음을 크게 만들 수 있는가?

4. **당신을 도울 수 있는 사람은 누구인가?** 당신은 누구에게 당신을 격려해 달라고, 당신에게 도전해 달라고, 당신이 책임질 것에 대해 말해 달라고 부탁할 수 있는가? 누가 그런 일을 솔직하게 말해 줄 수 있는가? 그저 동정해 주는 사람은 찾지 말라. 동정은 좋은 것이지만, 무분별한 동정은 당신을 만족하지 못하게 만들고 도리어 피해 의식에 빠지게 할 수도 있다. 당신이 변명에서 벗어나 예수님을 향하도록 만들 수 있는 사람은 누구인가?

실천 사항

이번 주에는 날마다 죄를 분별하고, 자백하고, 거부하는 데 시간을 할애하라.

마이크와 엠마의 월요일 아침

마이크는 30분 늦게 사무실 자리에 앉았다. "어제 교회는 어땠어?" 밥이 물었다. 밥은 마이크의 유일한 그리스도인 직장 동료다. 교회는 어땠지? 아주 오래전 이야기 같다. 어제 목사님은 하나님과의 관계에 관해 이야기하셨다. 주일에는 그게 정말 가능한 일 같아 보였다. 하지만 그건 주일 얘기고 오늘은 월요일이다. 오늘은 훨씬 아득하게 느껴진다. 기도할 시간이 더 있다면 하나님을 즐길 수 있을지 모른다. 그러면 아마도 주일 아침에 즐겼던 그 감정을 되살릴 수 있을지도 모른다. 아니면 다음 주일까지 그냥 기다려야 할 수도 있다. 다음 주일이라니, 이제 겨우 월요일 아침인데…….

하지만 마이크는 다시 생각한다. 하나님은 마이크의 월요일 아침 모든 곳에도 자신의 지문을 남기셨다. 마이크는 베이컨 샌드위치를 생각한다. 그것도 성부께서 주신 선물이다. 기차 연착에 담긴 그분의 목적을 생각한다(비록 다소 이해하기는 어렵지만 말이다). 마이크의 흔들리는 기도를 즐거워하실 수도 있다고 생각한다. 마이크는 자신의 실패 가운데 임하신 성자의 은혜를 생각한다. 슬플 때는 그분의 임재를 생각하고, 성찬에서 그분의 만지심을 생각한다. 유혹 가운데는 성령의 도우심을 생각한다. 앞으로 임할 영광을 상기하게 하시고, 하나님의 말씀으로 말씀하셨던 일도 생각한다. 심지어 동료인 밥도 하나님 사랑의 징표다. 하나님에게도 바쁜 아침이었다!

"하나님 아버지, 날마다 제 삶에 이렇게 관여해 주시다니 감사합니다. 제 방식대로 삶을 살고 싶어 아버지를 피했던 모든 순간을 용서해 주세요. 저는 매우 자주 넘어집니다. 하지만 아버지의 사랑은 흔들리지 않습니다. 저는 한결같은 사랑으로 둘러싸인 삶을 살아가기 원합니다."

❓ 생각할 질문

- 12장에서 교회 식구와 식사 자리를 마련하라고 도전했다. 어떠했는가?

- 당신이 죄를 최소화하고, 핑계 대고, 유혹에 빠지는 방식으로는 어떤 것이 있는가?

- 당신의 회개 "리듬"은 무엇인가? 당신이 회개를 일상적인 일로 만들기 위해서 해야 할 일은 무엇인가?

- 당신이 회개하며 하나님에게 돌아가는지 여부는 당신이 하나님을 어떻게 보는지에 달려 있다. 최근에 죄를 저지르는 바람에 죄책감을 느꼈던 사건을 떠올려 보라. 당신은 하나님을 어떻게 바라봤는가? 시편 32편 10절은 이러한 순간에 어떻게 하나님을 바라보라고 가르치는가?

- 당신이 힘겨워하는 특정한 죄를 생각해 보라. 스스로에게 질문해 보라. "나는 어떤 핑계를 대고 있는가?" "어떻게 유혹에서 달아날 것인가?" "그 대신 어떻게 하나님을 받아들일 것인가?" "누가 나를 도울 수 있는가?"

14장

자동차 보닛 아래에

Under the hood

차를 몰기 위해 엔진이 어떻게 작동하는지를 반드시 알아야 하는 것은 아니다. 마찬가지로 하나님과 관계를 즐기는 데 이 책의 신학적 토대를 알아야만 하는 것도 아니다. 하지만 어떻게 엔진이 작동하는지를 알면 도움이 될 수 있다. 특히 무언가 잘못되었을 때는 더욱 그러하다.

이 책의 기조를 이루는 두 가지 원칙이 있다. 그것은 바로 셋이자 하나 원칙, 그리고 연합과 교제의 원칙이다.

- 이 원칙들은 하나님과 우리 관계를 근본적으로 바꿀 능력이 있다.
- 이 원칙들은 매우 간단하고, 특별한 기술이 필요하지 않다.
- 이 원칙들은 오늘날 자주 이야기되지 않는다.

하지만 이 원칙들은 새롭지 않다. 내가 이 원칙들을 만들었다고 주장할 수 있다면 참 좋겠지만, 사실은 1657년 위대한 청교도 신학자인 존 오웬이 쓴 책「교제」(복있는사람 역간)에서 나온 것이다.[54] 이 책의 원래 제목은 다음과 같다.「성부 하나님, 성자 하나님, 성령 하나님과의 교제에 관하여, 각 위격은 사랑, 은혜, 위로로 구별되게 교제하신다. 성부, 성자, 성령과 성도의 사귐을 밝히다」(*Of Communion with God the Father, Son and Holy Ghost, Each Person Distinctly, in Love, Grace, and Consolation; or the Saints' Fellowship with the Father, Son and Holy Ghost Unfolded*). 아주 산뜻한 제목은 아니다. 하지만 이것은 우리에게 첫 번째 근본 원칙을 소개한다. **하나님은 세 위격을 통해 알려지시기 때문에 우리는 성부, 성자, 성령과 관계한다.**

1. 셋이자 하나 원칙

기독교 신학은 언제나 하나님의 본질 또는 본성을 알 수 없다고 말한다. 우리는 하나님에 대해 오직 부정적 언명만 할 수 있다. 즉 하나님은 변하지 **않으신다**, 흔들리지 **않으신다**, 유한하지 **않으시다** 등등이다. 하나님의 본질에 대한 어떠한 설명도 우리 이해를 넘어서는 범주와 개념을 수반한다. 따라서 우리는 그분의 본질이 **아닌** 것만 말할 수 있다. 심지어 하나님의 본질을 긍정적으로 밝히는 것처럼 보이는 언명도 실제로는 부정적 언명이다. "하나님은 영이시다"라는 말을 살펴보자. 이 말은 실제로 그저 그분에게 육체가 없음을 말할 뿐이다. 우리는 하나님의 영이 화학적으로 어떻게 구성되어 있는지를 분석하거나 그 DNA 배열 순서를 밝힐 수 없다. 우리는 그분의 본질을 알 수 없기 때문에 하나님의 본질을 말할 수 없다.

그럼에도 우리는 하나님을 알 수 있다. 하나님이 하나님의 **위격들** 안에서, 그리고 **위격들을** 통해서 우리에게 스스로를 알리시기 때문이다. 관계 속에서 세 위격으로 존재하시는 하나님이 우리와의 관계에 들어오신다. 어떤 힘이나 개념은 양방향 관계를 맺을 수 없다. 하지만 하나님은 우주를 떠다니는 비인격적인 힘도 아니고, 예전 세대들이 하나의 인격이라고 생각했던 도덕 법칙들의 총체도 아니다. 그분은 심지어 추상적인 의미에서 **사랑**도 아니시다. 우리는 어떤 "사물" 또는 "그것" 또는 "힘"과 관계 맺기 위해 노력할 수는 없다. 누가 사물에게 기도하겠는가?

그 대신 하나님은 세 위격이시다. 그분은 언제나 공동체 가운데 살아가시는, 세 위격으로 존재하신다. 따라서 하나님은 언제나 다른 이와 관계 맺을 능력이 있으시다. 하나님의 위격은 언제나 서로와의 관계 가운데 존재하셨기 때문이다. 그렇기에 우리는 하나님의 본질과는 관계 맺지 못할지라도 성부, 성자, 성령과는 관계 맺을 수 있다.

오웬은 말한다.

> 성도는 성부, 성자, 성령과 구별된 교제를 한다(즉, 성부와 구별되게, 성자와 구별되게, 성령과 구별되게 말이다).[55]

우리는 추상적인 개념과 상호 관계하지 못한다. 우리는 인격과 관계를 맺는다. 우리가 삼위일체 하나님과 관계 맺는 방식에 가장 가까운 모형은 아이가 아버지와 관계 맺고, 누이가 형제와 관계 맺고, 아내가 남편과 관계 맺고, 친구가 친구와 관계 맺는 법이다. 장 칼뱅은 이렇게 말한다.

> 하나님의 무한하고 영적인 본질에 관해 성경이 가르치는 바는 충분하여, 통속적인 망상을 제거할 뿐만 아니라 세속 철학의 교묘함도 논박한다.[56]

다른 말로 하면 성경이 하나님의 본질에 관해 말해 주는 내용은 그저 우리가 하나님을 얼마나 **조금** 이해하고 있는지를 말해 줄 뿐이다. 하지만 당신이 하나님을 실질적으로는 조금도 알 수 없다는 절망에 빠지려고 할 때, 칼뱅은 계속해서 이렇게 말한다. 하나님은 자신을 주셔서 "세 위격으로 분명히 사유되게 하셨다. 우리가 이 사실을 붙들지 않는다면 천하고 공허한 하나님의 이름만이 우리 머리를 돌아다니게 될 것이며, 결국 참 하나님을 배제하도록 만들 것이다."[57] 다른 말로 하면 세 위격과 만남이 없다면 "하나님"이라는 단어는 우리에게 아무 의미가 없다는 것이다. 그 단어를 사용할 수는 있겠지만, 그 단어에 부여할 수 있는 의미는 그저 우리 상상에서 나온 것에 불과하다. 그리고 하나님의 참된 본질과는 결코 관련이 없다. 하지만 우리는 하나님의 위격 가운데 참된 하나님과 참되게 만난다.

이렇게 생각해 보자. 우리는 이렇게 물을지 모른다. "개라는 것이 무엇인지 어떻게 알 수 있는가?" 그 답은 알 수 없다는 것이다. 당신은 개-됨(dog-ness)의 본질도, 개-됨이 무엇인지도 절대로 경험할 수 없다. 하지만 당신은 특정한 개를 알 수는 있다. 당신은 애완견 로버와 매우 친밀한 관계를 맺을 수 있다. 하나님과도 마찬가지다. 아니 더욱 그러하다. 우리는 개라는 것이 무엇인지 알 수 없다. 하지만 사람과 개는 포유동물이기 때문에 일말의 공통 경험이 있다. 우리는 개가 우리와 유사한 방식으로 배고픔과 따뜻함을 느낀다고 가정한다. 당신 개가 차가운 강에 뛰어 들어가(우리 개는 종종 그렇다) 젖은 채기어 나온다면 당신은 개가 어떤 상태인지를 어느 정도 안다. 하지만 하나님은 우리와 완전히 다른 존재이시다. 그분의 "하나님 되심"(Godness) 경험은 우리 이해를 완전히 벗어난다. 우리에게는 하나님의 본질에 희미하게나마 유사하다고 할 만한 방식이 전혀 없다.

하지만 우리는 하나님의 위격을 알 수 있다. 오웬은 말한다.

> 우리 영혼이 성부, 성자, 성령과 구별되게 관계 맺지 않은 채로는, 하나님에게 우리 영혼이 나아갈 수 있는 은혜도 없고, 그분에게 드릴 수 있는 거룩한 예배도 없고, 수행해야 할 의무나 순종도 없다.[58]

다른 말로 하면 우리는 언제나 하나님의 위격과 관계함으로 하나님과 관계한다는 뜻이다. 이것이 오웬이 결론 내린 방법이다. 즉 "우리는 하나님과 교제를 나눈다. 우리는 그 교제를 구별되는 방식으

로" 세 위격과 나눈다.[59]

우리가 살펴봤듯이 이것은 간단한 개념이고 실제로 적용도 쉽다. 하나님과 관계 맺음에 관해 생각하면서 당신이 삼위일체 각 위격과 어떻게 구별되게 관계 맺는지도 생각해 보면 된다. 성부가 당신에게 어떻게 행동하시는지, 성자가 당신에게 어떻게 행동하시는지, 성령이 당신에게 어떻게 행동하시는지를 생각하라. 그런 후, 각 경우에 당신이 어떻게 반응해야 하는지를 생각하는 것이다.

예를 들어, 당신이 기도할 때는 성령이 당신이 해야 할 말을 도우심으로 성자를 통해서 성부께 말씀드린다고 생각하라. 성경을 볼 때는 아버지가 성령을 통해 자신의 아들 가운데서 스스로를 드러내신다거나 성자가 성령을 통해 자신의 사랑을 전달하신다고 생각하라.

우리는 하나님이 세 위격임을 인정함과 더불어 언제나 하나님이 한 존재라는 인식을 놓치지 말아야 한다. 또한 우리는 절대로 한 존재에서 세 위격을 분리하지 말아야 한다. 그리스도인은 세 신을 믿는 것이 아니다.

이 말은 한 분의 사역이 세 분 모두의 사역임을 뜻한다. 그리고 한 분을 경험함은 세 분 모두를 경험함을 의미한다. 요한복음 14장에서 예수님은 자신을 만난 것은 하나님을 만난 것이라고 말씀하신다.

- **예수님을 아는 것은 아버지 하나님을 아는 것이다.** "너희가 나를 알았더라면 내 아버지도 알았으리로다"(7절).
- **예수님을 보는 것은 아버지 하나님을 보는 것이다.** "나를 본 자

는 아버지를 보았거늘"(9절).

- **예수님에게 듣는 것은 아버지 하나님에게 듣는 것이다.** "내가 너희에게 이르는 말은 스스로 하는 것이 아니라 아버지께서 내 안에 계셔서 그의 일을 하시는 것이라"(10절).

이분은 사람이다. 하지만 우리는 이 사람 안에서 하나님을 만난 다. 왜냐하면 이 사람이 하나님**이기** 때문이다. 예수님은 우리를 하 나님에게 이끌도록 하나님이 보내신 하나님의 아들이시다(14:2-4). 어떤 이에게는 이 사실이 매우 새롭고 기이하여 받아들이기 어려울 수 있다. 첫 제자들이 그 범주에 있었다. 또 어떤 이는 매우 친숙한 나머지 그 경이로움을 잃어버렸을 수 있다. 예수님과의 만남은 성부 하나님과의 만남이다.

성령 역시 다른 어떤 존재의 임재를 경험하게 하는 분이 아니다. 그분은 진짜의 대용품이 아니시다. 그분 자체가 진짜**이시다.** 그분이 하나님**이고**, 그래서 성부와 성자의 참된 임재와 접하게 하신다.

이 말은 우리가 언제나 하나님의 일부가 아닌 하나님과 교제를 할 수 있다는 뜻이다. 내가 성자와 교제한다면, 성부와 성령과도 교 제하는 것이다. 성령은 하나님의 영이시고 그리스도의 영이시다. 따라서 성령이 내주하신다면 성자와 성부도 내주하신다는 뜻이다.

이것이 중요한 이유를 한 가지 말하겠다. 보통 그리스도인은 성 자를 사랑 많고 인자한 분으로 생각한다. 반면에 성부는 거리감 있 고 냉담한 분으로 여긴다. 어쩌면 우리를 인정하지 않으시는 심판관

14장 · 자동차 보닛 아래에

으로 생각할 수도 있다. 또는 성자가 성부를 이기셨기 때문에 성부가 내키지는 않지만 우리를 참아 주신다고 생각할 수도 있다. 하지만 이러한 태도는 삼위일체를 갈라놓는다. 우리는 성자 안에서 성부의 계시를 본다. 그리고 위와 같은 생각이 참이 아닌 간단한 이유가 있다. 아들이 아버지를 아시기 때문이다. 아들은 절대로 이렇게 얘기하지 않으신다. "내가 그분과 많은 시간을 보내 봐서 알아. 겉으로는 가혹해 보이서도 내면은 정말로 친절하고 관대한 분이야." 아버지와 아들은 동일한 뜻을 품은 한 존재다. 아들의 태도가 아버지의 태도와 **유사한** 것이 아니다. 그것이 바로 아버지의 태도 **그 자체**다.

2. 연합과 교제의 원리

존 오웬은 우리가 하나님과 양방향 관계를 맺는다고 말한다. 오웬의 말에 따르면 관계에는 주고받음이 있다. 사랑함이 있고 사랑받음이 있다. 기뻐하는 것과 기쁨을 주는 것이 있다. 하나님은 우리에게 생명과 희망과 자유와 용서를 주시고, 우리는 하나님에게 믿음과 사랑과 예배를 드림으로 응답한다.

구원은 단지 죄를 용서받고 하나님의 심판에서 벗어나는 것이 아니다. 또 단지 의롭다 하심을 얻어 하나님이 그리스도 안에서 우리를 의롭다고 여기시는 것도 아니다. 구원은 그러한 것들을 포괄하지만 그보다 훨씬 대단하다. 하나님은 단순히 우리를 죄와 사망**으로부터** 구원하지 않으신다. 그분은 무언가를 **위해서** 우리를 구원하신다. 오웬은 그리스도께서 "삶과 죽음과 부활과 승천을 통해 행하신

위대한 일로, 하나님과 우리 사이에 중재자 되심으로 …… **우리가 하나님을 즐기도록 하셨다**"[60]고 말한다. 우리는 그리스도를 믿음으로 삼위일체 하나님과 기쁨을 나누는 참된 양방향 관계로 나아간다.

그리스도인의 경험을 이야기할 때는 여러 위험이 따른다. 우선 하나님을 추구하기보다는 자기 자신을 위한 경험을 추구할 위험이 있다. 하나님을 경험함이 언제나 감정적 고양을 의미하는 것은 아니다. 또 다른 위험으로는 다른 이유로 생겨난 감정을 하나님을 진정으로 경험한 것으로 착각하는 일이다. 탁월한 음악과 많은 회중은 콘서트나 영화를 보러 간 것과는 조금 다른 감정을 자아낼 수 있다. 당신의 믿음을 경험 위에 세운다면 그 기초는 흔들리게 된다. 당신의 확신도 기분이나 환경에 따라 움직일 것이다. 우리는 몇몇 감정을 경험했기 때문에 구원받는 것이 아니다. 우리는 그리스도의 완성된 사역으로 인해 구원받는다. 그리고 이것은 사실이지 느낌이 아니다. 하지만 우리는 우리 믿음의 객관성, 즉 "사실성"을 지나치게 강조하다가 그리스도인이 "경험적"으로 아는 믿음의 본질을 놓쳐서는 안 된다. 우리는 삼위일체 하나님과 진정한 관계를 누리기 위해 구원받는다.

또 다른 위험은 하나님 경험에 수반되는 일들을 편협한 시각으로 바라보는 일이다. 몇몇 사람에게 하나님 경험이란 실제로 한 가지만 의미한다. 그래서 그들은 하나님에게 직접 메시지를 받아야만 하나님 경험이라고 주장한다. 그들은 하나님이 그들에게 말씀하시는 것을 듣기 원한다. 그리고 극적일수록 좋다. 반면에 어떤 이들은 하나님이 특별한 메시지를 보내신다는 생각을 거부한다. 하지만 그들은 그렇게 함으로써, 기독교란 대체로 우리가 성경에서 하나님에 관한 정보만 얻는 지적인 행위에 불과하다는 인상을 준다. 이 두 견해는 정반대이지만, 한 가지 문제를 공유한다. 그 두 견해는 우리가 하나님을 경험하는 방식을 매우 편협한 시각으로 바라본다는 것이다. 이 책은 하나님이 우리 삶에서 일하시는 여러 다양한 방식을 살펴보기 위해 내내 애썼다.

존 오웬으로 다시 돌아와 보자. 그는 이렇게 말한다.

> 하나님과 우리의 교제는 그분이 우리에게 자신을 주심, 그리고 그분이 요구하시고 받으시는 것을 우리가 그분에게 돌려 드림으로 이루어지는데, 예수 그리스도 안에서 우리가 하나님과 맺은 연합에서 흘러나오는 것이다.[61]

오웬은 우리가 하나님과 교제한다고만 말하지 않는다. 그는 그리스도를 통한 우리와 하나님의 연합에서 이 교제가 흘러나온다고 말한다. 따라서 두 번째 근본 원칙은 이렇다. **그리스도 안에서 우리와 하나님의 연합은 우리가 경험으로 하나님과 나누는 교제의 근거다.**

여기에 핵심이 있다. 우리와 하나님의 교제는 양방향이다. 하지만 우리와 하나님의 연합은 언제나 일방적이다. 그것은 오직 하나님의 은혜에만 기초한다.

많은 기독교 신비 사조에서 하나님과의 연합은 오랜 묵상, 자기 부인, 깊은 사색, 종교 예식을 행한 결과로 성취할 수 있는 무언가로 여긴다. 그래서 종종 사다리 형상이 사용된다. 즉 우리가 하나님과 연결되기 위해서는 반드시 그 사다리를 올라야 한다는 식이다. 연합과 교제는 뒤섞이고, 하나님과 우리가 맺는 연합과 교제는 우리 성과에 기초하게 된다.

이러한 사고는 성취의 영성을 제공하기 때문에 사람들은 매력적으로 여긴다. 그들은 자신의 노력으로 "영적 백성"이 된다는 생각을 좋아한다. 이러한 사고는 그들의 교만함에 호소력을 발한다. 하지만 우리 대부분은 의기소침해진다. 그런 식이면 하나님과의 교제는 도저히 이룰 수 없는 것처럼 들린다. 수도승이나 신비주의자들만 할 수 있을까. 그렇게 평범한 월급쟁이들은 이류 그리스도인으로 격하된다.

하지만 하나님의 은혜는 이러한 영적 성취라는 사다리를 멀리 차 버린다. 그리스도를 통한 하나님과의 연합은 하나님이 우리에게 주시는 것이다. 신약은 일반적으로 그리스도인을 "그리스도 안에" 있는 자라고 말한다. 그리스도인이란 정의상 그리스도와 깊이 연결된 사람이다.

따라서 우리와 하나님의 연합은 선물이다. 하지만 실제로는 우리와 하나님의 **교제**도 그러하다. 왜냐하면 교제는 언제나 하나님과 우리의 연합에서 흘러나오기 때문이다. 따라서 하나님과 우리의 연합과 마찬가지로 하나님과의 교제도 우리가 성취하는 것이 아니다. 하나님이 주시는 선물로 즐길 대상일 뿐이다. 양방향 관계이기 때문에 우리가 그 선물을 경시할 수도 있다. 그것을 완전히 즐기느냐 여부는 우리 행동에 달려 있다. 하지만 절대로 우리가 성취해야 할 대상은 아니다.

친구가 당신에게 영화 채널 구독권을 주었다고 하자. 당신은 그 선물을 즐기지 않고 영화 한 편도 보지 않은 채 몇 주를 지낼 수 있다. 그런데 갑자기 볼만한 영화가 얼마나 많은지 불현듯 떠오른다. 그래서 한 주에 두 편씩 볼 수도 있다. 영화를 얼마나 많이 즐길지는 당신에게 달려 있다. 하지만 당신이 영화를 즐기는 것이 당신이 성취한 결과라고 주장할 수는 없다. "내가 열심히 노력한 덕에 이번 주에는 영화를 세 편이나 즐길 수 있었어"라고 말한다면 말도 안 되는 소리다. 당신이 본 모든 영화는 당신 친구가 준 선물이다.

삼위일체 하나님과 당신의 관계도 그러하다. 그 관계에서 당신이 누리는 모든 즐거움은 하나님의 선물이다. 당신이 그 관계를 등한시할 수는 있겠지만, 당신이 그 관계를 즐겼다고 해서 당신이 영적으로 성취한 결과라고 주장할 수는 없다. 하나님과 당신의 교제는 언제나 하나님의 은혜로 인한 하나님과의 연합에 근거한다. 구약 신학자 알렉 모티어는 출애굽기 19장 4-6절을 주석하며 이렇게 말한다.

> 신분은 하나님의 행위로 얻으며, 즐거움은 그 반응으로 순종하겠다고 헌신함으로 얻는다. 순종은 양편의 협상에 따라 우리가 해야 할 일이 아니다. 그저 주님이 일방적으로 결정하시고 행하신 일에 감사로 반응하는 것이다.[62]

연합과 **교제**의 차이를 인식하는 것은 중요하다. 우리와 하나님의 연합은 일방적이지 않다. 그리고 둘 모두 하나님의 사역이기 때문에 우리 **신분**을 바꾸기 위해 하나님에게 할 수 있는 일은 전혀 없다. 하지만 하나님은 우리를 구원하셔서 우리가 그분과 **교제**할 수 있게 하셨고, 하나님과 맺은 이 교제는 양방향이다. 하나님이 우리와 관계하시고 우리는 그 반응으로 하나님과 관계한다. 우리는 그렇게 관계에 기여한다. 따라서 우리가 어떻게 하느냐에 따라 우리의 하나님 **경험**이 달라질 수 있다.

하나님과 우리의 관계는 성부의 사랑, 성자의 사역, 성령의 임재라는 객관적인 현실에 근거한다. 그리고 우리는 계속해서 거기로 돌아가야 한다. 우리가 영적으로 메마르다고 느낀다면, 그리스도와 우리의 연합으로 돌아가야 한다. 만약 의심이나 죄책이나 두려움으로 가득하면, 그리스도와 우리의 연합으로 돌아가야 한다. 우리가 아무것도 아닌 것처럼 느껴진다면, 그리스도와 우리의 연합으로 돌아가야 한다. 자신이 대단하다고 느끼면서도 여전히 더 많은 것을 갈망하고 있다면, 그리스도와 우리의 연합으로 돌아가야 한다. 믿음은 손을 뻗어 그리스도를 잡게 한다. 믿음은 하늘에 앉아 계신 그리스도께 시선을 들게 한다. 우리가 어떻게 느끼든지, 우리는 그분이 우리 대신 하늘에 계심을 안다.

느낌과 경험은 같지 않다. 내 감정이 어떠하든지 나는 나를 향한 인간 아버지의 사랑을 경험한다. 그분은 나를 돌보시고, 나는 그 돌봄의 수혜자다. 오늘 내가 그분과 가깝다고 느끼든 그렇지 않든 말이다. 하늘 아버지도 마찬가지다. 믿음이 성장한다는 것은 우리가 하나님의 개입을 "느끼지" 못할 때에도 우리 삶에서 삼위일체의 개입을 분별하는 법을 배우는 것이다.

내일 아침 일어났을 때 영적으로 메마른 느낌을 받을 수도 있다. 죄책감 때문에 모든 희망이 사라졌다고 느끼거나 책임감에 짓눌릴지도 모른다. 하나님의 즉각적 도우심이 부족하다고 느낄 수도 있다. 하지만 나는 커튼을 열고 해가 떠오르는 모습을 본다. 나는 믿음으로 이것이 하나님의 세상임을 인식한다. 그분은 계속해서 자신의 피조 세계를 돌보시고 계속해서 나를 돌보신다. 비록 내가 영적으로 메마른 느낌이어도 그분은 나의 아버지 노릇을 해주고 계신다. 비록 내적으로 어떠한 따뜻한 느낌을 받지 못한다고 할지라도 나는 그분의 사랑을 경험하고 있다. "세상을 이기는 승리는 이것이니 우리의 믿음이니라"(요일 5:4). 때로 믿음의 승리는 우리 감정에 대한 승리이기도 하다. 이 책의 목표는 당신이 믿음의 싸움에 나서도록 준비하는 것이다. 즉 삼위일체 하나님이 자기 백성의 삶에 개입하심이 사실임을 인식하는 싸움이다.

충만한 기쁨

사도 요한은 자신이 그리스도라는 분에게서 하나님의 영광을 봤다는 깨달음을 놓치지 않았다. 그는 첫 편지를 이렇게 시작한다. "태초부터 있는 생명의 말씀에 관하여는 우리가 들은 바요 눈으로 본 바요 자세히 보고 우리의 손으로 만진 바라"(요일 1:1). 예수님은 귀신이나 환상이 아니셨다. 그분은 정말로 인간의 육체를 지니셨다. 하지만 이 구절들에서 요한은 그분을 "예수님" 또는 "그리스도"라고 언급하지 않는다. 오히려 "생명"이라고 말한다. 요한은 "생명이 나타내신 바"라고 2절에서 말한다. 요한은 예수님을 통해 세상이 창조되었는데, 자신이 그분을 들었고 봤고 만졌다고 한다. 예수님은 영원한 생명을 주신 것이 아니다. 그분 자신이 생명, 그것도 참된 생명이 되신다. 예수님을 안다는 말은 삼위일체의 삶에 참여한다는 의미다. 요한은 계속해서 말한다. "우리가 보고 들은 바를 너희에게도 전함은 너희로 우리와 사귐이 있게 하려 함이니 우리의 사귐은 아버지와 그의 아들 예수 그리스도와 더불어 누림이라"(요일 1:3). 그리고 이렇게 덧붙인다. "우리가 이것을 씀은 우리의 기쁨이 충만하게 하려 함이라"(요일 1:4).

예수님이 나타나셔서 사람들이 하나님과 친교와 교제를 맺을 수 있었다. 우리도 함께 삼위일체의 생명에 참여한다. 우리는 하나님이 아버지 되시고, 예수님이 형님 되시고, 서로가 서로에게는 형제와 자매인 가족이 되었다. 그 결과물이 바로 기쁨이 충만한 공동체다. 아버지는 아들을 기뻐하시고, 그분은 그 기쁨을 우리와 공유하기를 즐거워하신다. 우리는 아들을 즐거워하고, 우리는 그 즐거움을 다른 이들과 나누기를 즐거워한다.

충만한 기쁨이다!

빗속에 서서

새벽 다섯 시, 아일랜드 더블린이었다. 나는 빗속에 서서 버스를 기다리고 있었다. 뭘 해야 하나? 지루했다. "기도해야겠다." 혼잣말을 했다. 하지만 기도하고 싶은 기분이 아니었다. 서재에서 안락하고 조용하게 있을 때, 기도하기는 쉽다. 하지만 그때 나는 빗속에 서 있었다. 차라리 버스가 빨리 오면 좋겠다는 생각뿐이었다.

하지만 나는 '하나님 즐기기'라는 주제로 책을 쓰는 중이었다. 저자인 팀은 빗속에 서 있는 팀에게 뭐라고 할 것인가? 이 순간에 하나님을 즐기기란 어떤 모습일까? 나는 집에서 나올 때 들은 새소리를 기억했다. 지금도 그 소리를 들을 수 있다. 내 영혼을 고양시키는 새소리의 기이한 능력을 묵상한 기억이 난다. 그것은 분명히 실제 새소리의 능력을 훨씬 넘어서는 것이었다. 나는 그것을 (지금도 종종 그렇듯이) 내 아버지가 주신 선물로 생각했다. 이것은 (3장에서 살펴봤듯이) 그분의 창조 세계가 놀라울 정도로 넉넉했고, 지금도 넉넉하다는 표시다.

나는 새벽 다섯 시에 버스를 기다리는 편을 택하지는 않을 것이다. 사실 나는 이 모든 것이 연설 약속과 관련 있다는 사실을 깨닫고는 짜증이 났다. 나는 비가 오는 편을 택하지 않을 것이다. 사실 마음대로 할 수만 있다면 나는 여전히 침대에 있을 것이다. 하지만 이것은 분명히 하나님의 선택이고, 그렇다면 거기에는 (4장에서 살펴봤듯이) 확실히 어떤 목적이 있다. 따라서 나는 그 음정과 박자를 즐기기로 선택했다. 비가 길에 부딪히며 내는 소리가 지붕에서 떨어지는 더 큰 물방울 소리와 조화를 이루었다.

나는 (5장에서 살펴봤듯이) 새소리에 관해 하나님에게 감사했고 기도 가운데 내 여정을 그분에게 맡겼다. 그런데 여정에 관해 (항상 그러하듯) 불안한 마음이 생겼다. 버스가 오기는 올 것인가? 비행기를 놓치지는 않을까? 하지만 나는 (3장에서 살펴봤듯이) 하나님의 주권적인 돌보심을 신뢰한다.

나는 마음에 있는 생각들을 빠르게 살폈다. 나는 여전히 내 마음을 짓누르고 있는, 이틀 전에 지은 죄와 리더십을 발휘해야 하는 상황 사이에서 갈팡질팡하고 있었다.

나는 (13장에서 살펴봤듯이) 내 죄를 고백했다. 나는 아버지의 자비하심에서 위로를 찾았다. 이제 나는 또 (6장에서 살펴봤듯이) 나 대신 하늘에 계신 그리스도를 생각하면서 가련한 내 영혼에 주시는 더 큰 위로를 구할 것이다. 그런 후 나는 하나님의 도우심을 구한다. 나는 리더십을 발휘할 능력이 없다고 느낀다. 내가 제시하는 방향을 사람들이 신뢰할지도 의문이다. 심지어 나도 나를 믿을 수 있을지 의문이다. 하지만 나는 성령의 능력을 기억한다. 나는 내 힘으로 살아가지 않는다. (9장에서 살펴봤듯이) 성령님에 의해 내 안에서, 그리고 나를 통해 하나님이 일하신다.

내 마음은 어제 읽은 성경 구절로 향한다. "주의 영광을 보매 그와 같은 형상으로 변화하여 영광에서 영광에 이르니." 이와 비슷한 말씀이다. 나는 학생들에게 우리가 그리스도 안에서 하나님의 영광을 봄으로 변화된다고 말했다. 이제는 내가 스스로에게 그렇게 한다. 아마도 (11장에서 살펴봤듯이) 성령님이 내게 알려 주시는 것일 테다.

이것은 실화다. 이 책의 장에 따라 인위적으로 끼워 맞춘 게 아니다. 이 모든 일은 내가 설명한 대로 실제 일어났다. 아마도 나는 (7장에서 살펴봤듯이) 나를 향하신 그리스도의 연민을 계속해서 묵상할 수 있었을 것이다. 아니면 (8장에서 살펴봤듯이) 떡과 포도주 가운데 확신을 주시는 그분의 사랑을 다시 돌아볼 수도 있었을 것이다. (10장에서 살펴봤듯이) 성령의 도움으로 새로운 피조 세계를 기대할 수도 있었을 것이다. 하지만 그때 마침 버스가 왔다.

내가 하고 싶은 말은 이것이다. 그리고 이 책의 주제이기도 하다. 더블린 새벽 5시 빗속에서 성부, 성자, 성령은 적극적으로 나에게 개입하셨다. 그리고 내가 선택하기만 하면 나는 그분들에게 반응할 수 있고, 그분들과 관계를 즐길 수 있다. 당신이 어디에 있든지, 당신이 무엇을 하든지 지금 당신에게도 마찬가지다.

주

ENDNOTES

1   Gregory of Nazianzus, "On Holy Baptism", Oration 40.41; The Nicene and PostNicene Fathers: Second Series (Hendrickson, 1994), Series 2, Vol. 7, p 375. 장 칼뱅의 인용문을 번역했다. *The Institutes of Christian Religion*, ed. J. T. McNeill, trans. F. L. Battles (Westminster, 1960), 1.13.17.

2   John Owen, "Communion with God," in *Works*, Vol. 2, ed. William Goold, (Banner of Truth, 1965), p 268. 「교제」(복있는사람 역간).

3   루터의 저작에서 각색했다. 'The Freedom of a Christian,' (1520), *The Annotated Luther Volume 1: The Roots of Reform,* ed. Timothy J. Wengert (Fortress Press, 2015), p 499-500.

4   Timothy Keller, *King's Cross: The Story of the World in the Life of Jesus* (Hodder & Stoughton, 2011), p 9-10. 「팀 켈러의 왕의 십자가」(두란노 역간).

5   John Calvin, *The Institutes of Christian Religion*, ed. J. T. McNeill, trans. F. L. Battles, Library of Christian Classics (Philadelphia: Westminster, 1960), 1.17.7.

6   J. I. Packer, *Knowing God* (Hodder & Stoughton, 1973), p 206-207. 「하나님을 아는 지식」(IVP 역간).

7   John Owen, "Communion with God" in *Works*, Vol. 2, p 35. 「교제」.

8   Richard Sibbes, "The Bruised Reed and Smoking Flax" in *Works*, Volume 1 (Banner of Truth, 1973), p 42-43.

9   John Owen, "Communion with God" in *Works*, Vol. 2, p 21. 각색했

다. 「교제」.

10   John Owen, "Communion with God", abridged by R. J. K. Law (Banner of Truth, 1991), p 13. 「교제」.

11   See Charles Taylor, *A Secular Age* (Harvard University Press, 2007).

12   Marilynne Robinson, *Housekeeping* (Faber, 1981, 2005), p 11-12. 「하우스키핑」(마로니에북스 역간),

13   Charles H. Spurgeon, "Prayer, the Cure for Care" in *Metropolitan Tabernacle Sermons* No. 2351, 12 January 1888.

14   John Owen, "Communion with God" in *Works*, Vol. 2, p 22. 「교제」.

15   John Calvin, *Commentary on the Book of Psalms*, trans. James Anderson (Eerdmans, 1948), comments on Psalm 23 v 1, Volume 1, p 390-391, 현대어로 고치고 각색했다.

16   Frederick S. Leahy, *The Hand of God: The Comfort of Having a Sovereign God* (Banner of Truth, 2006), p 122.

17   이 장의 주제를 더 깊이 다루고 싶으면 다음 책을 참고하라. Tim Chester, *God's Discipline: A Word of Encouragement in the Midst of Hardship*, Christian Focus, 2018.

18   마태복음 5장 16절, 45절, 48절 및 마태복음 6장 1절, 5절, 6절에서 두 번, 8절, 15절, 16절, 18절에서 두 번, 26절, 32절, 마태복음 7장 11절.

19   John Calvin, *The Institutes of Christian Religion*, ed. J. T. McNeill, trans. F. L. Battles (Westminster, 1960), 3.20.36.

20   익명 보장을 위해 이름은 수정했다.

21 C. H. Spurgeon, "The Relationship of Marriage" in *The Metropolitan Tabernacle Pulpit*, Vol. 13 (1867), (Pilgrim Publications, 1974), Sermon no. 762.

22 다음을 참고하라. William Lane, Hebrews 9-13, Word Biblical Commentary (Word, TX, 1991), p 410-411. 「히브리서(하)」, "WBC 성경 주석"(솔로몬 역간); and Paul Ellingworth, The Epistle to the Hebrews, *The New International Greek Testament Commentary* (Paternoster, MI, 1993), p 639-640.

23 이 부분은 다음 책을 의지했다. Matthew Sleeman, *Geography and the Ascension Narrative in Acts* (Cambridge University Press, 2009); and Matthew Sleeman, "The Ascension and Heavenly Ministry of Christ" in *The Forgotten Christ*.

24 John Owen, "Communion with God" in *Works*, Vol. 2, p 194. 「교제」.

25 John Owen, "Communion with God" in *Works*, Vol. 2, p 194(요즘 말로 고침). 「교제」.

26 John Owen, "Communion with God" in *Works*, Vol. 2, p 194. 「교제」.

27 From Horatio G. Spafford, "When peace like a river attendeth my way" (1873). 〈내 평생 가는 길〉(새찬송가 413장)

28 John Owen, "Communion with God" in *Works*, Vol. 2, p 194-195. 「교제」.

29 John Owen, "Communion with God" in *Works*, Vol. 2, p 195(요즘 말로 고침). 「교제」.

30 See John Owen, "Sacramental Discourses: Discourse XXII" in *Works*, Vol. 9, ed. William Goold (Banner of Truth, 1965), p 612-614.

31 Thomas Goodwin, "The Heart of Christ in Heaven Towards Sinners on Earth", *Works*, Vol. 4 (James Nichol, 1862), p 112. 「나를 기념하라」(지평서원 역간).

32 토마스 굿윈의 다음 책에서 각색했다. Thomas Goodwin, "The Heart of Christ", p 116. 「마음」(복있는사람 역간).

33 Thomas Goodwin, "The Heart of Christ", p 136. 「마음」.

34 Thomas Goodwin, "The Heart of Christ", p 121-122(요즘 말로 고침).「마음」.

35 Thomas Goodwin, "The Heart of Christ", p 146. 「마음」.

36 Thomas Goodwin, "The Heart of Christ", p 149(요즘 말로 고침). 「마음」.

37 Thomas Goodwin, "The Heart of Christ", p 149-150(요즘 말로 고침). 「마음」.

38 Thomas Goodwin, "The Heart of Christ", p 115(요즘 말로 고침). 「마음」.

39 윌리엄 브릿지의 다음 책에서 각색했다. William Bridge, *A Lifting Up for the Downcast* (Banner of Truth, 1961), p 62-66. 「회복」(복있는사람 역간).

40 Francis Chan, *The Forgotten God: Reversing Our Tragic Neglect of the Holy Spirit* (David C. Cook, 2009), p 143, 150, 156. 「잊혀진 하나님」

(미션월드 역간).

41 복음이 우리 삶에 초래하는 변화를 더 깊이 살펴보려면 다음 내 책을
참고하라. *You Can Change: God's Transforming Power For Our Sinful Behaviour and Negative Emotions* (IVP/Crossway, 2008/2010). 「나도
변화될 수 있다」(IVP 역간).

42 Russell Moore, "Adoption and the Renewal of Creation", Together For
Adoption Conference 2009. 나는 다음 책에서도 이 이야기를 사용했다.
Tim Chester and Christopher De la Hoyde, *Who on Earth is the Holy
Spirit?* (The Good Book Company, 2013), p 50.

43 John Calvin, *The Institutes of Christian Religion*, ed. J. T. McNeill,
trans. F. L. Battles (Westminster, 1960), 3.9.

44 John Calvin, *Calvin's Commentaries: The Epistles of Paul the Apostle to
the Romans and the Thessalonians*, trans. Ross Mackenzie, eds. D.W. &
T.F. Torrance (St Andrew's Press, 1961), p 105, commentary on Romans
5 v 2.

45 이 장은 다음 책에서 각색했다. Tim Chester, *Bible Matters: Meeting
God in His Word* (IVP, 2017).

46 Tim Chester, *Bible Matters: Meeting God in his Word* (IVP, 2017),
p 35.

47 John Calvin, *Sermons on the Epistle to the Ephesians,* Sermon on
Ephesians 4 v 11-12 (Banner of Truth, 1973), p 368.

48 Wayne Grudem, *1 Peter-Tyndale New Testament Commentaries* (IVP,

1988), p 97. 「베드로전서 : 틴데일 신약주석 시리즈 17」(CLC 역간).

49   Dietrich Bonhoeffer, *Life Together and Psalms: Prayerbook of the Bible* (Fortress, 2005), p 32.

50   Dietrich Bonhoeffer, *Life Together and Psalms: Prayerbook of the Bible* (Fortress, 2005), p 31-32.

51   공동체 형성에서 식사의 역할을 더 깊이 살펴보려면 다음 내 책을 참고하라. *A Meal with Jesus: Discovering Grace, Community, and Mission around the Table* (Crossway/IVP, 2011/2011).

52   A. W. Tozer, *The Knowledge of the Holy* (BiblioTech Press, 2016), p 1. 「하나님을 바로 알자」(생명의말씀사 역간).

53   John Calvin, *The Institutes of Christian Religion*, trans. F.L. Battles, ed. J.T. McNeill (Westminster Press/SCM, 1961), 1.5.3.

54   John Owen, "Communion with God," *Works*, Vol. 2, ed. William Goold (Banner of Truth, 1965). 「교제」. 이 글을 현대에 맞게 고쳐 쓰고, 제목을 달고, 구성한 책은 다음과 같다. *Communion with the Triune God*, eds. Kelly M. Kapic and Justin Taylor (Crossway, 2007). 가장 읽기 쉬운 판본은 축약해서 현대어로 고쳐 쓴 다음 책이다. *Communion with God*, ed. R. J. K. Law (Banner of Truth, 1991).

55   John Owen, "Communion with God", *Works*, Vol. 2, 9. 「교제」.

56   John Calvin, *The Institutes of Christian Religion*, ed. J. T. McNeill, trans. F. L. Battles (Westminster, 1960), 1.13.1.

57   John Calvin, *The Institutes of Christian Religion*, ed. J. T. McNeill,

trans. F. L. Battles (Westminster, 1960), 1.13.2.

58 John Owen, "Communion with God", *Works*, Vol. 2, p 1(요즘 말로 고침). 「교제」.

59 John Owen, "Communion with God", *Works*, Vol. 2, p 15(요즘 말로 고침). 「교제」.

60 John Owen, "Communion with God", *Works*, Vol. 2, p 78(강조 추가함). 「교제」.

61 John Owen, "Communion with God", *Works*, Vol. 2, p 8-9(요즘 말로 고침). 「교제」.

62 Alec Motyer, *The Message of Exodus*, The Bible Speaks Today, (IVP, 2005), p 200. 「출애굽기 강해 순례 길에 동행하시는 하나님」(IVP 역간).

ENJOYING
GOD

하나님을 즐기는 삶

모든 순간, 삼위 하나님을 발견하다

초판 발행	2023년 7월 20일
지은이	팀 체스터
옮긴이	이대은
발행인	손창남
발행처	(주)죠이북스(등록 2022. 12. 27. 제2022-000070호)
주소	02576 서울시 동대문구 왕산로19바길 33, 1층
전화	(02) 925-0451 (대표 전화)
	(02) 929-3655 (영업팀)
팩스	(02) 923-3016
인쇄소	송현문화
판권소유	ⓒ(주)죠이북스
ISBN	979-11-982861-8-5 03230